KB145196

DOMAIN-DRIVEN DESIGN DISTILLED

Authorized translation from the English language edition, entitled
DOMAIN-DRIVEN DESIGN DISTILLED, 1st Edition, 9780134434421 by VERNON, VAUGHN,
published by Pearson Education, Inc, publishing as Addison-Wesley Professional,

DOMAIN-DRIVEN DESIGN DISTILLED

도메인 주도 설계 핵심

핵심을 간추린 비즈니스 중심의 설계로
소프트웨어 개발 프로젝트 성공하기

반 버논 지음 | 박현철 · 전장호 옮김

에이콘

니콜, 트리스탄

우리가 또 해냈어!

지은이 소개

반 버논 Vaughn Vernon

베테랑 소프트웨어 장인이자 소프트웨어 설계와 구현을 단순하게 만드는 분야의 선구자다. 『도메인 주도 설계 구현』(에이콘, 2016)과 『Reactive Messaging Patterns with Actor Model』(에디슨 웨슬리, 2015)의 저자이고, 전 세계 수백 명의 소프트웨어 개발자들에게 IDDD Workshop을 가르쳤다. 업계 컨퍼런스에 자주 등장하는 연사로, 분산 컴퓨팅, 메시징, 특히 액터 모델에 관심이 많고, 도메인 주도 설계와 스칼라Scala, 아카Akka와 함께 액터 모델을 사용하는 DDD 컨설팅 전문가다. 그의 최근 작업들은 블로그(www.VaughnVernon.co)를 방문하거나 트위터 계정(@VaughnVernon)을 팔로잉하면 확인할 수 있다.

감사의 글

이 책은 저명한 에디슨 웨슬리에서 출간한 세 번째 책이다. 또한 편집자 크리스 구지코프스키, 개발 편집자 크리스 잔과 함께한 세 번째 작업이고, 지난 두 번과 마찬가지로 이번에도 엄청나게 멋진 시간이었다고 말할 수 있어 행복하다. 책을 출간해준 것에 다시 한 번 감사의 말을 전한다.

늘 그렇듯이, 책은 비판적인 의견 없이는 성공적으로 쓸 수도, 출간할 수도 없다. DDD에 대한 강의를 하거나 책을 쓰진 않지만, 실제 프로젝트에서 다른 사람들이 DDD의 강력한 수단들을 사용하는 데 도움을 주는 많은 DDD 실무자들이 있다. 이번 책 작업에는 이런 실무 전문가들로부터 도움을 받았다. 이런 실무자들은 과감할 정도로 정수만 추출한 이 내용이 정확히 필요한 것만을 올바른 방향으로 설명하고 있는지에 대한 확신을 줄 것이라 생각했다. 이는 마치 장황한 이야기를 60분 동안 이야기할 땐 5분 정도의 준비 시간만 있으면 충분하지만, 5분과 같이 짧은 시간 내에 이야기해야 한다면 몇 시간을 준비해야 하는 어려운 일이기 때문이다.

내게 도움을 준 분들이 많다. Jérémie Chassaing, Brian Dunlap, Yuji Kiriki, Tom Stockton, Tormod J. Varhaugvik, Daniel Westheide, and Philip Windley(알파벳 순)에게 감사의 말을 전한다.

옮긴이 소개

박현철(architect.mentor@gmail.com)

한때는 춤을 사랑했지만, 지금은 좋은 소프트웨어를 만들기 위해 글을 쓰는 것을 즐긴다. 다양한 분야에 걸쳐 많은 프로젝트를 경험했으며, 프로그래머로 시작해서 설계자, 프로젝트 관리자, 아키텍트, 멘토까지 다양한 역할을 수행하고 있다. 건국대학교 정보통신대학원 겸임 교수로 재직 중이며, IT 분야에서 보람과 행복을 찾기 위해 많은 사람들과 함께 노력하고 있다. 두 아들 박상원, 박지원, 그리고 아내 조인숙을 사랑하며, 삶에 감사한다.

CSM^Certified Scrum Master^, CSPO^Certified Scrum Product Owner^, CSD^Certified Scrum Developer^,SPC^SAFe Program Consultant^이며, 저서로는 『객체지향 분석 설계 Visual C++ 프로그래밍』(비앤씨, 1999), 『프로그래머 그들만의 이야기』(영진닷컴, 2010), 『실전 CBD Project』(영진닷컴, 2004), 『UML 이해와 실제』(한국소프트웨어연구원, 2005)이 있고, 번역서로는 『eXtreme Programming Installed: XP 도입을 위한 실전 입문』(인사이트, 2002), 『Head First Agile 헤드 퍼스트 애자일』(한빛미디어, 2019), 에이콘출판에서 출간한 『엔터프라이즈 애자일 프로젝트 관리』(2010), 『Agile

Project Management with Scrum: 한국어판』(2012), 『UML을 활용한 객체지향 분석 설계』(2013), 『스크럼으로 소프트웨어 제품 관리하기』(2013), 『애자일 소프트웨어 개발』(2016), 『마이크로서비스 아키텍처』(2019), 『디지털 트랜스포메이션 엔진』(2020) 등이 있다.

전장호(architect.chun@gmail.com)

소프트웨어 개발자와 설계자로 시작해서 프로젝트 매니저, 스크럼 마스터, 강사 등 IT 분야에서 20년 가까이 다양한 역할을 통해 여러 프로젝트를 경험했고, 현재는 기술 기반 광고(AD Tech) 비즈니스/플랫폼 전략 및 설계 분야에서 활동하고 있다. 애자일 등 개발/프로젝트 방법론에 관심이 많아 프로젝트를 진행하며 다양한 실험을 적용해보는 것을 좋아하고, 항상 어떻게 하면 좀 더 효율적이고 즐겁게 일할 수 있을지를 고민한다. 비즈니스의 복잡한 문제들을 기술적으로 해결하기 위해 연구와 실행에 빠져 있는 것을 좋아하는데, 이런 시간 외에는 요리를 하거나 여행하는 것을 좋아하고 사랑하는 아내 남영과 시간을 보내는 것을 즐긴다.

옮긴이의 말

세상에는 다양한 가치가 있다. 가라앉은 해적선 속의 숨겨진 보물처럼 신비함을 간직한 유형의 가치도 있겠지만, 사람들의 경험 속에 녹아 있는 지식과 통찰처럼, 보이지는 않아도 인간의 삶을 개선하고 보다 바람직한 미래를 만드는 데 필요한 가치도 있다. 언제부터인가 '세상은 나에게 어떤 의미이고, 나는 세상에 어떤 의미일까?'를 생각하기 시작했고, 이 세상에 자그마한 가치라도 남기고 싶었다. 그 이후 다른 사람들과 아는 지식을 공유한다는 것은 나에게 매우 중요한 일이 됐고, 글을 쓰고 강의를 하고 번역을 하는 일은 자그마한 가치를 세상에 내놓는 소중한 과정이자 삶의 일부가 됐다. 한 권의 번역서를 내면서 다시 한 번 삶을 살아온 보람을 느껴본다.

자바Java를 포함한 다양한 언어들을 사용한 경험이 쌓일수록, 모델링이라는 행위를 통해 프로그래밍 언어가 가진 힘을 최대한 이끌어낼 수 있을 뿐만 아니라 시장, 고객, 환경에 최적화된 결과를 만들어낼 수 있다는 것을 다양한 프로젝트를 통해 배웠다. 에릭 에반스가 지은 『도메인 주도 설계』를 처음 읽었을 때, 그동안 저자가 고민해온 여러 주제들을 일관성 있는 맥락으로 풀어낸 것이 보였지만, 너무 많은 개념들이 혼재돼 있어 읽는 사람들이 충분히 이해하기는 어렵겠다는 생각을 한 적이 있다. 이번에 출간하게 된 『도메인 주도 설계 핵심』은 기존의 두꺼웠던 도메인 주도 설계 책 내용에서 많은 부분을 덜어내 핸드북처럼 작고 간결하게 만들었다. 마치 대기업이 주도하는 큰 규모의 프로젝트를 린 스타트업 관점에서 핵심만을 간추린 것처럼 보인다.

우리나라처럼 '빨리빨리' 문화가 내재된 사회일수록 좀 더 간결하고 정제된 지식과 가이드가 필요하다. 특히, 많은 기업들은 프로젝트라는 형태로 투자를 하고, IT 기술을 활용한 혁신적인 또는 개선된 서비스 및 플랫폼을 구축하고 있다. 이런 상황에서 작은 조직들 간의 협업을 통해 의사소통 비용을 줄이면서도 빠른 피드백을 통해 품질을 개선하는 일은 반드시 필요한 일이며, 경쟁력이다. 이 책은 비즈니스 모델링을 개발 조직과 밀착시키면서 애자일 사상조차도 책 안의 모델에 포함시켰다.

점차 세상의 많은 것들이 소스 코드 안에 담겨 활용되고 있다. 로봇과 드론을 통해 세상을 활보하고, 가상 현실을 통해 상상의 세계에 한발 더 다가서고 있으며, 빅데이터 및 인공지능 기반 서비스로 예측을 포함한 보다 개선된 삶의 질을 만들어내고 있다. 모델링은 다양한 세상과 조직 그리고 IT를 포용하면서 가장 효과적인 소스 코드를 만들기 위해 필요한 과정이다. 소스 코드와 조금이라도 관련 있는 직업을 가진 사람이라면, 이 책을 통해 모델링에 대해 한 번쯤 돌이켜보면서 자신의 가치를 좀 더 개선하는 계기를 만들어갈 수 있지 않을까 희망해 본다.

박현철 • 전장호

차례

들어가며

모델을 만드는 것이 왜 재미있고 보람 있는 활동일까? 나는 어려서부터 모델 만드는 것을 좋아했다. 내가 어릴 때는 주로 자동차와 비행기 모델을 만들었다. 내 어린 시절에도 레고Lego가 있었는지 확실하진 않지만, 레고는 어린 내 아들 인생의 많은 부분을 차지해왔다. 작은 레고 블록들을 갖고 생각해가며 모델을 만드는 활동은 매우 재미있다. 기본적인 모델을 생각해내는 것도 쉽고, 거의 끝도 없이 아이디어를 확장할 수 있는 것처럼 보인다.

아마 여러분들도 어린 시절에 모델을 만들어봤던 일을 떠올려볼 수 있을 것이다. 모델은 생활 속 곳곳에 존재한다. 보드 게임을 즐기는 것도 모델을 사용하는 일이다. 게임 속에서의 부동산과 빌딩 주인도 모델이고, 섬과 생존자 또는 영토와 건축 활동들도 모델이다. 이 밖에도 많은 모델들이 존재할 수 있다. 비디오 게임들도 마찬가지다. 그 게임들은 아마도 기상천외한 역할을 수행하는 상상 속 캐릭터들의 판타지 세계를 모델링했을 것이다. 카드 게임 또는 이와 유사한 게임들은 능력을 모델링한다. 이처럼 우리는 늘 모델을 활용하지만, 많은 경우 인지하지 못할 때가 많다. 모델은 우리 삶의 일부분인데도 말이다. 왜 그럴까?

모든 사람들에게는 각자의 학습 방식이 있다. 다양한 방식 중 가장 많이 거론되는 세 가지는 청각, 시각, 촉각을 통한 학습이다. 청각을 통해 학습하는 사람은 들리는 것 또는 귀 기울여 듣는 것을 통해 배우고, 시각을 통해 학습하는 사람은 읽거나 이미지를 관찰하는 것을 통해 배운다. 촉각을 통해 학습하는 사람은 만져보는 행동을 통해 배운다. 재미있게도, 다른 학습 방법에 약간의 어려움이 있을 정도로, 개인들은 특정한 학습 방식을 매우 선호하는 경향이 있다. 예를 들어, 촉각을 통해 학습하기를 좋아하는 사람들은 자기가 했던 일은 기억하면서도 그 일을 하는 동안 무슨 이야기가 있었는지는 잘 기억해내지 못한다. 모델을 만드는 것에는 주로 시각과 촉각에 의한 자극이 관여하는 것처럼 보이기 때문에 모델 구축에는 시각과 촉각을 통해 학습하는 사람이 청각을 활용하는 사람보다 더 유리할 수 있다. 하지만 항상 그렇지만은 않다. 특히, 모델 구축 팀이 구축 과정에 주로 말로 주고받는 의사소통을 하는 경우도 있다. 이처럼 모델 구축은 어떤 구성원들이 많은지에 따라 학습 방식을 조절할 수도 있다.

모델 구축을 통해 배우는 것에 익숙한 사람들이 왜 삶에 지속적으로 도움이 되고 영향을 주는 소프트웨어를 모델링하려 들지 않을까? 사실 소프트웨어 모델링은 인간적인 일이며, 사람들은 소프트웨어 모델을 만들어야 한다. 나는 여러분이 뛰어난 소프트웨어 모델 제작자들이라고 생각한다.

나는 여러분이 최고의 모델링 도구로 소프트웨어를 모델링함으로써 최고의 모델 구축가로 거듭나는 데 도움을 주고자 한다. 이런 도구들은 "도메인 주도 설계" 또는 "DDD"라는 이름 안에 집약돼 있다. 이 도구상자, 정확히는 패턴의 모음은 에릭 에반스의 책 『도메인 주도 설계』로 처음 문서화됐다. 나는 가능한 한 많은 사람들에게 DDD를 알리고 싶다. 그러기 위해서는 DDD를 많이 활용할 수 있게 만들어야 한다고 생각한다. DDD는 모델 중심으로 사고하는 사람이 높은 수준의 소프트웨어 모델을 만드는 데 사용할 수 있고, 이 도구상자는 충분히 그럴 만한 가치가 있다. 나는 이 책을 통해 DDD를 단순하고 쉽게 배워 사용하는 방법을 알려줄 생각이다.

DDD는 청각을 통해 학습하는 사람들에게 **보편언어** 개발에 기초한 모델 구축 과정의 팀 의사소통을 통해 배울 수 있게 해준다. DDD 사용 프로세스는 시각과 촉각을 통해 학습하는 사람에게 팀이 전략적, 전술적으로 모델링하는 동안 매우 시각적이고 실천적인 방안을 제시한다. 이는 특히, **컨텍스트 맵**을 그리거나 **이벤트 스토밍**을 사용해 비즈니스 프로세스를 모델링하면서 더욱 명확해진다. 모델 구축을 통해 많이 배우고 좋은 결과를 만들어내려는 모든 사람들에게 DDD는 든든한 지원군이 될 것이다.

이 책은 누구를 위한 것인가?

이 책은 DDD 핵심과 도구를 배우는 것에 관심을 갖고 이를 빠르게 학습하고자 하는 사람들을 위한 것이다. 대부분의 독자들은 프로젝트 실행 방안에 DDD를 포함시키려는 소프트웨어 아키텍트나 소프트웨어 개발자일 것이다. 소프트웨어 개발자들은 때때로 DDD의 아름다움을 빨리 발견하고 DDD의 강력함에 매료된다. 하지만 나는 그들뿐만 아니라 임원들, 도메인 전문가, 관리자, 비즈니스 분석가, 인포메이션 아키텍트 그리고 테스터 모두가 이해할 수 있는 주제를 다뤘다. 정보 기술IT 산업이나 연구 개발R&D 환경에 상관없이 누구나 이 책을 읽고 도움을 받을 수 있다.

여러분들이 DDD 사용을 권장했던 고객과 함께 일하고 있는 컨설턴트라면, 주요 이해관계자를 신속하게 이해시킬 수단으로 이 책을 사용하기 바란다. 프로젝트에서 DDD와 친숙하지 않은 주니어, 중급 또는 시니어 개발자와 함께 작업하면서 DDD를 조만간 사용해야 한다면, 이 책을 읽도록 권유하기 바란다. 이 책을 읽어보면 최소한 모든 프로젝트 이해관계자와 개발자들은 그들이 사용할 용어와 기본적인 DDD 도구를 이해할 수 있을 것이다. 프로젝트를 진행하다 보면, DDD에 대한 공통된 이해가 점차 가치를 발휘할 것이다.

경력과 역할에 관계없이 이 책을 읽고 프로젝트에 DDD를 적용해본 후, 책을 다시 읽으면서 경험으로부터 배울 수 있는 것과 향후 개선할 수 있는 것에는 어떤 것들이 있을지 확인해보기 바란다.

이 책에서 다루는 것

1장 나에게 도메인 주도 설계는에서는 DDD가 여러분들과 여러분들의 조직을 위해 할 수 있는 것에 대해 설명하고, 앞으로 배울 것과 그것이 왜 중요한지에 대해 좀 더 상세한 개요를 제공한다.

2장 바운디드 컨텍스트 및 보편언어와 전략적 설계에서는 DDD의 전략적 설계를 소개하면서 DDD의 토대가 되는 바운디드 **컨텍스트**와 **보편언어**를 설명한다.

3장 서브도메인과 전략적 설계에서는 **서브도메인**을 설명하고, 새로운 애플리케이션을 모델링하는 동안 기존 레거시 시스템과의 통합에 따르는 복잡성을 다루는 데 서브도메인을 사용하는 방법을 제공한다.

4장 컨텍스트 매핑과 전략적 설계에서는 팀이 전략적으로 함께 일하는 방법과 그들의 소프트웨어를 통합할 수 있는 다양한 방법을 설명한다. 이를 **컨텍스트 매핑**이라고 한다.

5장 애그리게잇과 전술적 설계에서는 **애그리게잇**을 통한 전술적 모델링으로 관심을 돌린다. **애그리게잇**과 함께 사용되는 중요하고 강력한 전술적 모델링 도구는 6장 '도메인 이벤트와 전술적 설계'의 주제인 도메인 이벤트다.

7장 가속화와 관리 도구는 팀이 그들의 리듬을 만들고 유지하는 데 도움을 주는 프로젝트 가속화와 프로젝트 관리 도구를 조명한다. 이 두 가지 주제는 좀처럼 다른 DDD 자료에서는 보기 힘든 것들이고, DDD를 실천 방안에 포함하는 결정을 하려는 이들에게 꼭 필요한 내용이다.

규칙

책을 읽는 동안 잊지 말아야 할 몇 가지 규칙이 있다. 모든 DDD 도구는 고딕체로 표기했다. 예를 들면, **바운디드 컨텍스트**와 **도메인 이벤트**에서 볼 수 있다. 모든 소스 코드는 고정 폭의 핵Hack 폰트로 표현했다. 참고문헌에 나와 있는 단어에 대한 약어와 머리글자는 모든 장에서 대괄호 안에 표기했다.

이 책이 가장 강조하고 있으며, 여러분들이 가장 중점을 둬야 하는 것은 많은 다이어그램과 그림을 통한 시각적인 학습이다. 이 책에는 그림에 딸린 번호가 없는데, 그림 번호가 아닌 내용에 좀 더 집중하라는 의미로 그림 번호를 제외했다. 그림과 다이어그램은 항상 설명하는 내용보다 먼저 나온다. 이는 책을 읽을 때 그래픽적인 요소들을 통해 여러 생각들을 앞서 소개한다는 의미다. 이 말은 여러분들이 문장을 읽을 때 언제든 시각적으로 먼저 제시한 그림이나 다이어그램을 다시 참고할 수 있다는 의미다.

오탈자

한국어판 관련 정오표는 에이콘출판사 도서정보 페이지 http://www.acornpub.co.kr/bookdomain-driven-design-distilled에서 확인할 수 있다.

질문

이 책에 관련된 질문이 있다면 이 책의 옮긴이나 에이콘출판사 편집팀(editor@acornpub.co.kr)으로 문의할 수 있다.

Chapter

1

나에게 도메인 주도 설계는

여러분은 실력을 향상시키고 프로젝트에서 성공할 확률을 높이려고 한다. 여러분이 만든 소프트웨어를 이용해 비즈니스가 새로운 차원에서 경쟁하게 만들고 싶을 것이다. 또한 비즈니스 요구를 정확하게 모델링할 뿐만 아니라 최상의 소프트웨어 아키텍처로 규모에 맞게 수행되는 소프트웨어를 구현하길 원한다. 도메인 주도 설계DDD를 배우는 것, 더욱이 빠르게 배우는 것은 이런 것들과 그 이상의 것을 달성할 수 있도록 도와준다.

DDD는 높은 가치를 제공하는 소프트웨어를 설계하고 구현하는 데 있어 전략적, 전술적으로 도움을 주는 도구들의 모음이다. 조직은 모든 면에서 최고일 수는 없기 때문에 집중해야 하는 것을 신중하게 선택해야 한다. DDD의 전략적 개발 도구들은 여러분과 팀이 경쟁력 있는 최고의 소프트웨어 설계 결정들과 비즈니스를 위한 통합적인 판단을 할 수 있게 도와준다. 여러분들의 조직은 명쾌하게 핵심 역량을 반영하는 소프트웨어 모델로부터 가장 큰 혜택을 받을 것이다. DDD의 전술적 개발 도구들은 여러분과 팀이 비즈니스의 고유한 활동을 정확하게 모델링하는 유용한 소프트웨어를 설계하는 데 도움을 줄 수 있다. 조직이 내부 환경, 클라우드 등 다양한 인프라에 솔루션을 배포하기 위해서는 폭넓은 선택을 통해 이익을 얻어야 한다. 여러분과 팀은 DDD를 통해 오늘날 치열한 경쟁의 비즈니스 구도에서 성공하기 위해 필요한 가장 효과적인 소프트웨어 설계와 구현을 성공적으로 이끌 수 있다.

나는 이 책에서 여러분들을 위해 전략적이고 전술적인 모델링 도구들을 요약해서 DDD에 꼭 필요한 것만 뽑아냈다. 소프트웨어 개발의 고유한 요구와 빠르게 변하는 업계에서 실력을 향상시키기 위해 고군분투하며 맞닥뜨리게 되는 어려움을 알고 있다. DDD와 같은 주제를 공부하기 위해 매번 수개월을 보낼 수는 없다. 여러분들은 가능한 한 빨리 일에 DDD를 적용하고 싶을 것이다.

나는 베스트셀러 『**도메인 주도 설계 구현[IDDD]**』의 저자이고, 3일짜리 IDDD 워크숍[IDDD Workshop]을 만들어 가르치고 있다. 그리고 이번엔 DDD를 과감하게 축약시켜 전달하고자 이 책을 썼다. 이는 충분히 그럴만 한 자격이 있는 모든 소프트웨어 개발 팀에 DDD를 알리려는 결심의 일환이다. 당연히 이에는 여러분들도 포함된다.

DDD가 우리에게 상처를 줄까?

DDD가 소프트웨어 개발에 대한 복잡한 접근법이라는 이야기를 들어본 적이 있을 것이다. 복잡하다? 사실, 접근 자체가 복잡한 것은 아니다. 정확하게는 복잡한 소프트웨어 프로젝트에 사용할 수 있는 수준 높은 기술들을 모은 것이다. DDD를 알기 위해 배워야 하는 양과 무엇을 할 수 있는지에 대해 DDD를 전문가의 지도 없이 프로젝트 실행 방안에 넣는 것은 만만치 않을 수 있다. 아마 다른 DDD 관련 서적들이 수백 페이지 분량으로 길뿐만 아니라 쉽게 읽고 적용하기 어렵다는 것을 알고 있을 것이다. 십 여 개가 넘는 DDD 주제와 도구에 대한 풍부한 구현 자료를 제공하기 위해 매우 세부적인 설명과 많은 말이 필요했고, 그 결과로 만들어진 것이 **『도메인 주도 설계 구현[IDDD]』**이다. 이 책은 이전 책과 달리, DDD의 가장 중요한 부분에 최대한 빠르고 간단하게 익숙해지도록 요약한 것이다. 수많은 글자들에 압도될 수 있는 일부 독자들이 걸음마를 떼고 DDD를 선택할 수 있게 하려면 요약된 가이드가 필요하기 때문이다. DDD를 사용하는 사람들은 일반적으로 관련 서적을 몇 번 정도 다시 읽어본다. 그렇기 때문에 이 책을 통해 DDD를 충분히 배우지 못한다 해도 이 책을 빠른 참고서로 사용하면서 좀 더 상세한 내용은 다른 서적을 참고하는 방식으로 학습하는 가운데, DDD를 점점 더 숙련시킬 수 있다. 일부 사람들은 본인보다도 동료나 주요 관리 팀에 DDD를 소개하고 적용하는 데 어려움을 겪기도 했다. 이 책은 DDD를 요약된 형식으로 설명하는 것은 물론, 도구들로 사용을 가속화하고 관리할 수 있음을 보여줌으로써 본인과 주위 사람들이 가질 수 있는 어려움을 해결할 수 있게 도와준다.

물론, 의도적으로 DDD 기술만을 요약했기 때문에 이 책을 통해 DDD의 모든 것을 배울 수는 없다. 좀 더 심층적인 내용은 **『도메인 주도 설계 구현[IDDD]』**을 읽고, 3일간의 IDDD 워크숍을 들어보기 바란다. 전 세계 수백 명의 개발자를 대상으로 진행했던 3일 집중 과정은 DDD를 보다 빠르게 습득하도록 도와준다. http://ForComprehension.com

을 통해서도 온라인 DDD 트레이닝을 제공한다.

좋은 소식은 DDD가 여러분들에게 절대로 상처를 주지 않을 거라는 점이다. 아마 여러분들은 이미 프로젝트의 복잡성을 경험하고 있을 것이다. 복잡성을 이기는 데 수반되는 고통을 줄이기 위해 DDD가 여러분들을 도와줄 것이다.

좋은, 나쁜 그리고 효과적인 설계

사람들은 종종 좋은 설계와 나쁜 설계에 대해 이야기한다. 여러분들은 어떤 설계를 하고 있을까? 많은 소프트웨어 개발 팀이 설계를 그다지 중요하게 생각하지 않는다. 대신 "작업 보드 셔플"이라는 것을 하는데, 여기에는 스크럼 제품 백로그처럼 팀의 개발 작업 목록이 있다. 그들은 작업 보드의 "할 일" 컬럼의 포스트잇을 "작업 중" 컬럼으로 옮긴다. 백로그 아이템을 찾아내서 "작업 보드 셔플'을 수행하는 것을 지식 집약적인 일의 전부로 여기고, 나머지는 프로그래머가 소스를 쏟아내기만 하면 된다"라고 생각한다. 이는 잘 드러나지도 않고, 존재하지도 않는 설계에 엄청난 비즈니스 비용을 쏟아붓는 일이다.

이런 방식은 경영진이 스크럼의 가장 중요한 원칙 중 하나인 **지식 획득**은 감안하지 않고 주로 일정 관리를 위해 스크럼을 사용하는 경우로, 정해진 일정 내에 소프트웨어 릴리스를 인도해야 하는 압박감으로 인해 자주 발생한다.

개인 사업체를 대상으로 컨설팅을 하거나 강의할 때, 위와 같은 상황을 발견하곤 한다. 소프트웨어 프로젝트는 위험에 빠져 있고, 모든 팀들은 시스템 유지 보수와 매일 코드 및 데이터 패치를 위해 존재한다. 다음은 내가 발견한, 서서히 확산되는 문제들로, 팀들은 DDD를 통해 여기에 나열한 문제들을 피하는 데 도움을 받을 수 있다. 높은 수준의 비즈니스 문제들로 시작해서 점점 더 기술적인 내용 순으로 열거했다.

- 소프트웨어 개발을 이익 중심이 아닌 원가 중심으로 생각한다. 일반적으로, 비즈니스가 컴퓨터와 소프트웨어를 전략적 이점이 아니라 안고 가야 하는 골칫거리 정도로 바라보기 때문이다(비즈니스 문화가 확고한 경우, 안타깝게도 이런 상황은 개선되지 않을 수도 있다).
- 개발자가 너무 기술에만 몰두한 나머지 문제를 신중하게 연구하고 설계하기보다는 기술적으로 해결하려고 한다. 이것은 개발자가 기술 분야의 최신 유행인 새롭게 눈에 띄는 것만을 좇게 만든다.
- 데이터베이스에 너무 큰 우선순위를 부여하고, 대부분의 논의가 비즈니스 프로세스와 업무보다 데이터베이스 주변 솔루션 센터와 데이터 모델에 집중된다.
- 개발자가 비즈니스 목적에 따라 클래스와 오퍼레이션 이름을 짓는 것에 크게 관심이 없다. 이는 비즈니스가 담고 있는 멘탈 모델과 개발자가 만들어낼 소프트웨어 사이에 큰 차이를 야기한다.
- 위 문제들은 일반적으로 비즈니스와의 협업이 빈약하기 때문

에 발생하는 결과다. 비즈니스 이해관계자가 아무도 사용하지 않고 개발자들이 고작 일부분만 읽어보는 명세서를 작성하느라 홀로 너무 많은 시간을 보낸다.

- 프로젝트에 대한 예측을 매우 강하게 요구한다. 너무 자주 예측치를 추정하는 것은 적지 않은 시간과 노력을 예측에 할애하도록 만들고 소프트웨어 인도가 지연되는 결과로 이어질 수도 있기 때문에 개발자들은 심사숙고한 설계보다 "작업 보드 셔플"을 사용한다. 그들은 비즈니스 동인에 따라 적절하게 분리된 모델이 아닌 큰 **진흙 덩어리**(다음 장에서 다룬다)를 만들어 낸다.
- 개발자가 비즈니스 로직을 사용자 인터페이스 컴포넌트와 영속성 컴포넌트 안에 담는다. 또한 종종 영속성 오퍼레이션을 비즈니스 로직 중간에 수행하기도 한다.
- 문법에 어긋나고 느리거나 권한이 없어 차단되는 데이터베이스 쿼리들이 사용자가 긴급하게 처리해야 하는 비즈니스 업무를 수행하지 못하도록 방해한다.
- 개발자가 실제 구체적인 비즈니스 요구 대신, 현재와 상상 속 미래의 요구를 모두 고려해서 과도하게 일반화시킨 해결 방안을 선택한 탓에 잘못된 추상화가 존재한다.
- 오퍼레이션을 수행하는 서비스가 또 다른 서비스를 직접 호출하는 강하게 결합된 서비스가 존재한다. 이 결합은 시스템 유지보수가 어려워질 뿐만 아니라 종종 비즈니스 프로세스에 문제를 일으키고 데이터가 불일치되는 결과로 이어진다.

이 모두가 "설계하지 않는 것이 낮은 비용의 소프트웨어로 이어진다"라는 사상에서 기인한 것 같다. 이는 대부분의 경우 훨씬 더 나은 대안이 있다는 것을 알지 못하는 기업과 개발자의 문제다. "소프트웨어가 세상을 집어삼킨다[WSJ]"뿐만 아니라 소프트웨어는 수익을 갉아 먹을 수도, 파티를 열어줄 수도 있다.

설계하지 않는 것으로 기대했던 비용 절감은 심사숙고한 설계 없이 소프트웨어 제작에만 박차를 가한 사람들을 교묘하게 속였던 오류라는 것을 이해하는 것이 중요하다. 비즈니스 관계자를 포함한 어떤 이들의 의사도 반영하지 않은 채, 개발자들이 코드와 씨름하는 동안에도, 설계는 여전히 그들의 머리에서 손가락 끝까지 흐르고 있기 때문이다. 아래 인용구가 이를 잘 요약해주는 것 같다.

> 설계가 필수적인 것인지, 안 해도 괜찮은지에 대한 질문은 요점에서 많이 벗어나 있다. 설계는 필연적이다. 좋은 설계의 대안은 나쁜 설계다, 절대 설계하지 않는 것이 아니다.
>
> — Book Design: A Practical Introduction by 더글라스 마틴

마틴이 특별히 소프트웨어 설계를 언급한 것은 아니지만, 심사숙고한 설계의 대안이 없는 우리의 상황에도 적용되는 말이다. 위에 언급된 내용에 따르면, 5명의 소프트웨어 개발자가 설계 없이 프로젝트를 함께 진행하는 상황에서는 5개의 서로 다른 설계가 하나로 뭉뚱그려진 것을 만들 뿐이다. 즉, 개발자들은 진짜 **도메인 전문가**의 혜택을 받지 못한 채 개발하면서, 하나의 비즈니스 언어에 제각각 지어낸 5개의 해석을 혼합한 결과를 만드는 것이다.

이처럼 우리는 모델링이라 인정하든, 인정하지 않든 모델링을 한다. 이것은 도로가 만들어지는 것과 비슷하다. 옛날 도로들은 오랜 기간 사용된 자국으로 만들어진 마찻길로부터 시작됐다. 몇 안 되는 사람들의 처음 필요에 의해 모퉁이와 갈림길이 생겼고, 일부 지점은 그 길을 지나가는 이들이 많아지면서 편의를 위해 길을 다듬고 포장하기도 했다. 오늘날에도 이렇게 임시변통으로 만들어진 도로를 이동시키지는 않는데, 이것은 도로가 잘 설계돼서가 아니라 이미 존재하기 때문이다. 일부 사람들은 오래된 도로를 이용하는 것이 왜 불편하고, 거북한지를 알고 있다. 현대의 도로는 인구, 환경, 예측된 흐름에 대한 심층적인 연구에 따라 계획하고 설계하기 때문이다. 이 두 종류의 길 모두 모델링된 것이라 볼 수 있다. 예전 모델은 최소한의 기본 지성에 기반을 둔 반면, 현대적 모델은 인지 능력을 최대한으로 사용했다. 소프트웨어는 둘 중 어느 관점으로도 모델링할 수 있다.

심사숙고한 설계로 소프트웨어를 제작하는 것이 비쌀 것 같아서 두렵다면, 앞으로 얼마나 계속 그 시스템을 사용해야 하고, 더 나아가 나쁜 설계를 수정해야 하는 것에 얼마나 더 큰 비용이 들 것인지 생각해야 한다. 여러분들의 조직을 다른 조직과 차별화시키고 상당한 경쟁우위를 만들어내야 하는 소프트웨어를 만든다면, 특히 더 많은 고려가 필요하다.

좋은 것과 **효과적인 것**은 밀접한 관련이 있다. 그리고 이것은 우리가 소프트웨어 설계에 좀 더 노력해야 한다는 것을 명확하게 말해준다. 그것은 바로 **효과적인 설계**다. 효과적인 설계는 조직이 무엇에 강점을 가져야 하는지 이해시키고, 정확한 소프트웨어 모델을 생성하도록 가이드할 때 사용한다.

스크럼에서 **지식 획득**은 실험과 협업 학습을 통해 이루어지며, 이를 "정보 구입[Essential Scrum]"이라고도 한다. 지식은 절대 공짜가 아니다. 이 책은 그것을 빠르게 구할 수 있는 방법을 제시한다.

혹시 아직도 효과적인 설계가 중요한 것인지 의심이 든다 해도 그 중요성을 이미 이해하고 있는 사람들의 통찰을 간과하지 말기 바란다.

> 대부분의 사람들은 '설계를 고민한다는 것'이 '어떻게 생긴 것인지 고민하는 것'으로 착각한다. 설계자에게 어떤 박스를 건네주고 "좋아 보이게 만들어!"라는 이야기 정도로 생각한다. 이건 우리가 생각하는 설계가 아니다. 설계는 단지 어떻게 생겼는지, 어떤 느낌인지가 아니라, 그게 어떻게 동작하는지에 대한 것이다.
>
> — 스티브 잡스

소프트웨어에서 효과적인 설계는 매우 중요하다. 단 한 가지 방안만을 추천하라면, 효과적인 설계를 추천하겠다.

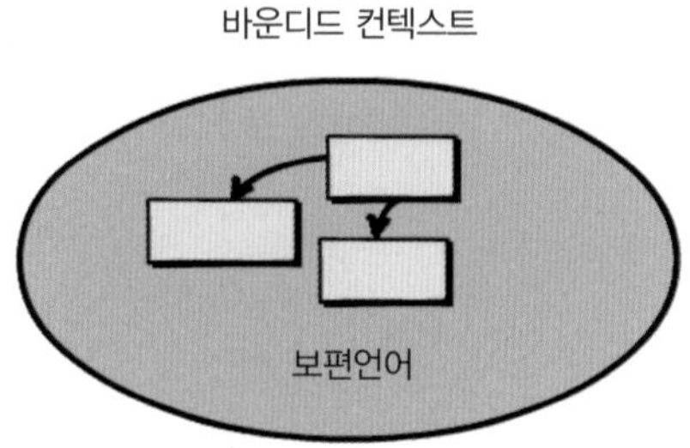

전략적 설계

아주 중요한 전략적 설계부터 시작하겠다. 전략적 설계부터 시작하지 않으면 절대 효과적인 방법으로 전술적인 설계를 적용할 수 없다. 전략적 설계는 세세한 구현으로 들어가기에 앞서 두꺼운 붓 터치처럼 사용하며, 비즈니스상 전략적으로 중요한 것, 중요도에 따라 일을 나누는 방법 그리고 필요에 따라 통합하는 최적의 방법을 강조한다.

먼저 **바운디드 컨텍스트**Bounded Context라는 전략적 설계 패턴을 사용해서 도메인 모델을 분리하는 방법부터 배울 것이다. 또한 이와 밀접한 관련이 있는 명확히 **바운디드 컨텍스트** 안의 도메인 모델에서 **보편언어**Ubiquitous Language를 개발하는 방법에 대해서도 살펴볼 것이다.

모델의 **보편언어**를 개발하다 보면 개발자는 물론 도메인 전문가의 참여가 중요하다는 것을 배울 수 있다. 또한 소프트웨어 개발자와 도메인 전문가 팀이 협업하는 방법도 알게 된다. 이는 최고의 결과를 내기 위해 DDD를 필요로 하는 명석하고 동기부여된 사람들의 필수적인 조합이다. 협업을 통해 함께 개발한 보편언어는 팀 의사소통과 소프트웨어 모델 곳곳에 보편적이고, 널리 퍼져 있게 될 것이다.

점차 전략적 설계를 진행하면서, **서브도메인**Subdomains이 무엇이고, 어떻게 서브도메인이 기존 시스템의 제한되지 않은 복잡성을 다룰 수 있게 도와주는지 그리고 앞으로 진행할 프로젝트 결과를 어떻게 향상시킬 수 있는지를 배우게 될 것이다. 또한 **컨텍스트 매핑**Context Mapping이라는 기술을 통해 여러 개의 **바운디드 컨텍스트**를 통합하는 방법도 확인할 수 있을 것이다. **컨텍스트 맵**Context Map은 2개의 **바운디드 컨텍스트를**

통합하면서 그 사이에 존재하는 팀의 관계, 기술적 메커니즘을 정의한다.

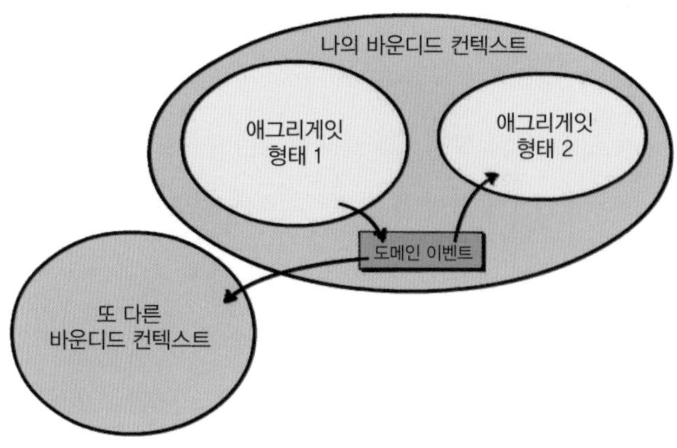

전술적 설계

전략적 설계의 기초에 대해 살펴본 후, DDD에서 매우 중요한 전술적 설계 도구들에 대해 알아본다. 전술적 설계는 도메인 모델의 세부사항들을 그리기 위해 얇은 붓을 사용하는 것과 같다. 가장 중요한 도구 중 하나는 엔터티와 값 **객체**Value Object를 알맞은 크기의 애그리게잇으로 묶는 데 사용하는 **애그리게잇**Aggregate 패턴이다.

DDD는 도메인을 최대한 명확한 방법으로 모델링하는 것에 관한 것이다. **도메인 이벤트**Domain Events의 사용은 명확하게 모델링하는 것을 도와주면서, 도메인에 발생한 것에 대해 알아야 하는 내용을 시스템과 공유하는 것을 돕는다. 공유할 대상이 로컬의 **바운디드 컨텍스트**일 수도, 다른 원격의 **바운디드 컨텍스트**일 수도 있다.

학습 과정과 지식의 정제

여러분과 팀이 비즈니스의 핵심 역량에 대해 배워갈 때, DDD는 지식을 더욱 발전시킬 수 있도록 여러분들과 팀에게 생각하는 법을 알려준다. 이런 학습 과정은 그룹 의사소통과 실험을 통한 발견에 대한 것이다. 현 상황에 대해 질문을 던지고, 소프트웨어 모델의 가정에 이의를 제기함으로써 더 많이 배우고, 중요한 지식 획득은 팀 전체로 확산

된다. 이것은 비즈니스와 팀을 위한 상당히 중요한 투자다. 배우고 정제하는 것뿐만 아니라 그것을 빨리 해내는 것을 목표로 삼아야 한다. 이 목표를 돕는 부가적인 도구들이 있고, 이런 도구들은 7장 '가속화와 관리 도구'에서 확인할 수 있다.

이제 시작해보자!

비록 압축시킨 내용이지만 DDD에 대해 많은 것을 배울 것이다. 자, 그러면 2장 '바운디드 컨텍스트 및 보편언어와 전략적 설계'로 시작해 보자.

Chapter

2

바운디드 컨텍스트 및 보편언어와 전략적 설계

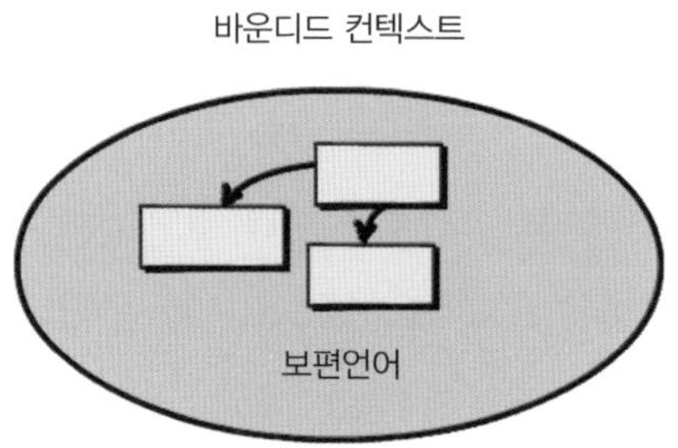

바운디드 컨텍스트는 무엇이고, **보편언어**는 또 뭘까? 요약하면, DDD는 주로 명확하게 **바운디드 컨텍스트** 내에서 **보편언어**를 모델링하는 것에 대한 것이다. 정확히 맞는 말이긴 하지만, 이게 내가 할 수 있는 가장 도움되는 서술은 아닌 것 같다. 좀 더 자세히 이야기해보겠다.

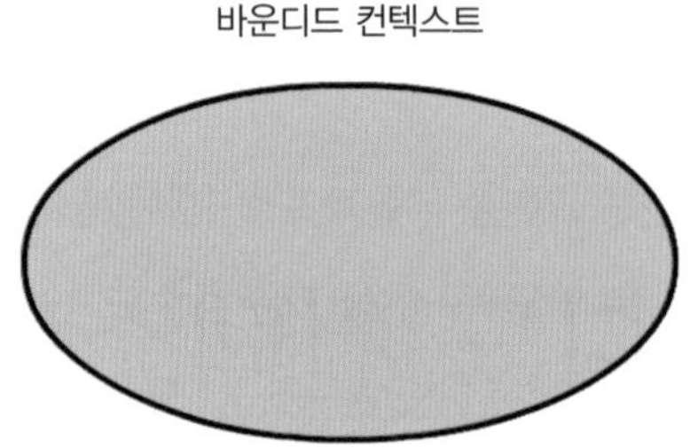

첫째, **바운디드 컨텍스트**는 의미적으로 동일한 컨텍스트의 범위를 표현한다. 이것은 그 범주 내에서 소프트웨어 모델의 각 컴포넌트는 특정한 의미를 갖고, 특정한 일을 수행한다는 의미다. **바운디드 컨텍스트** 내에 존재하는 컴포넌트들은 컨텍스트에 특화돼 있으며, 컨텍스트 안에서 의미가 살아난다.

소프트웨어 모델링 작업을 막 시작하려고 할 때, 바운디드 컨텍스트는 다소 개념적인 수준이다. 이것을 문제 영역[problem space]의 일부라고 생각할 수도 있다. 하지만 모델이 더 깊은 의미와 명확성을 받아들이게 되면서 **바운디드 컨텍스트**는 빠르게 해결 영역[solution space]으로 전환되고, 소프트웨어 모델은 프로젝트 소스 코드로 반영되기 시작할 것이다(**문제 영역**과 **해결 영역**은 아래에서 좀 더 자세히 설명할 것이다). **바운디드 컨텍스트**는 모델이 구현되는 곳이고, **바운디드 컨텍스트**마다 각각 분리된 소프트웨어 산출물이 나온다.

문제 영역과 해결 영역은 무엇인가?

문제 영역은 상위 수준의 전략적 분석을 수행하고, 주어진 프로젝트 제약사항 내에서 단계를 설계하는 곳이다. 상위 수준의 프로젝트 요인에 대해 논의하고, 주요 목표와 위험 사항에 대해 이야기하면서 간단한 다이어그램을 사용할 수도 있다. 실제로 컨텍스트 맵은 문제 영역에서 매우 잘 활용된다. 바운디드 컨텍스트는 문제 영역 논의에서 사용할 수 있지만, 필요에 따라 해결 영역과도 밀접하게 관련된다는 것을 잘 기억해두자.

해결 영역은 문제 영역의 논의가 핵심 도메인으로 바라보는 해결 방안을 구현하는 곳이다. 바운디드 컨텍스트를 조직의 핵심 전략 계획으로 개발하고 있을 때, 이를 핵심 도메인이라고 한다. 바운디드 컨텍스트 내에서 메인 소스, 테스트 소스 코드로 해결 방안을 개발한다. 다른 바운디드 컨텍스트와의 통합을 지원하는 해결 영역에서도 코드를 생산한다.

바운디드 컨텍스트

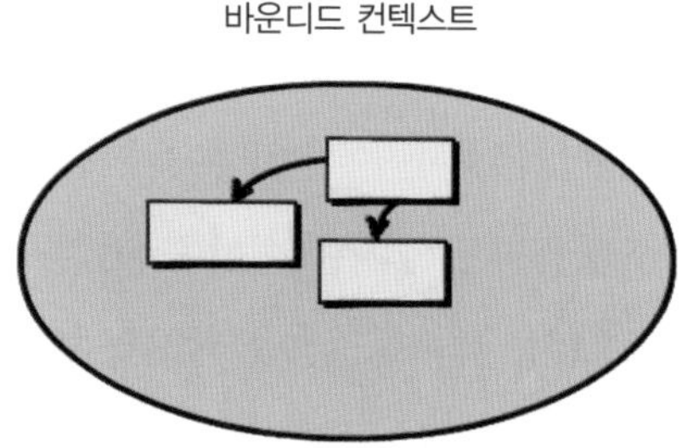

컨텍스트 범위 내의 소프트웨어 모델은 **바운디드 컨텍스트** 안에서 일하는 팀이 생성하고, 그 안에서 기능하는 소프트웨어 모델을 만드는 모든 팀 구성원이 사용하는 언어를 반영한다. 이 언어는 팀 구성원들이 이야기할 때 사용되고, 소프트웨어 모델 안에 구현되기 때문에 **보편언어**라고 부른다. **보편언어**는 엄격하고, 정확하고, 엄중하며, 단호해야 한다. 위 다이어그램에서 **바운디드 컨텍스트** 안의 상자들은 모델의 개념을 나타내는데, 이것은 클래스로 구현될 수도 있다. **바운디드 컨텍스트**가 조직의 핵심 전략적 계획으로 개발되고 있을 때, 이를 핵심 도메인이라고 한다.

조직이 사용하는 모든 소프트웨어와 비교해볼 때, **핵심 도메인**은 가치 있는 것들을 달성하는 수단이 되기 때문에 가장 중요한 소프트웨어 모델 중 하나다. **핵심 도메인**은 다른 조직과의 경쟁에 대한 차별화를 위해 개발한다. 이 때문에 최소한 하나의 주요 사업 부문을 다룬다. 조직이 모든 것에 뛰어날 수는 없고, 또 그렇게 만들려고 해서도 안 된다. 기업의 올바른 전략적 결정을 위해 무엇이 **핵심 도메인**이어야 하고, 어떤 것을 제외시켜야 하는지 현명하게 선택해야 한다. 이것이 DDD의 주된 가치 제안이고, **핵심 도메인**에 최적의 자원을 투여해서 적절하게 투자해야 한다.

팀의 누군가가 **보편언어** 표현을 사용하면, 팀 모두가 그 표현이 가진 제약사항과 정확한 의미를 이해한다. 그 표현은 개발되고 있는 소프트웨어 모델을 정의하는 팀이 사용하는 모든 언어처럼 팀 내에서 보편적이기 때문이다.

소프트웨어 모델 언어를 고려할 때, 유럽의 여러 나라에서 사용할 수 있어야 한다고 가정해보자. 각 국가 내에서 사용하는 공용어는 명확하다. 독일, 프랑스, 이탈리아와 같은 국가들의 영역 내 공용어는 명확하다. 하지만 이 경계를 넘어가면 공용어도 바뀐다. 아시아에서도 마찬가지인데, 일본어는 일본에서 사용하고, 중국이나 한국에서 사용하는 언어도 국경을 경계로 명확하게 달라진다. 이와 같은 논리와 유사하게, **바운디드 컨텍스트**는 마치 언어의 경계와 비슷하다. DDD의 경우, 보편적 언어라는 것은 소프트웨어 모델을 소유하는 팀이 이야기할 때 사용하는 것이고, 이 언어의 대표적인 기록 형태는 소프트웨어 모델의 소스 코드다.

바운디드 컨텍스트, 팀 그리고 소스 코드 리파지토리

각각의 **바운디드 컨텍스트**는 단일 팀에만 할당돼야 하고, 각 **바운디드 컨텍스트**마다 독립적인 소스 코드 리파지토리가 있어야 한다. 한 팀은 다수의 **바운디드 컨텍스트**에 대해 일을 할 수 있지만, 다수의 팀이 하나의 **바운디드 컨텍스트**를 수행할 수는 없다. 보편언어를 나눈 것과 같은 방법으로 **바운디드 컨텍스트**마다 소스 코드와 데이터베이스 스키마도 명확히 분리한다. 메인 소스 코드와 함께 인수 테스트와 단위 테스트를 유지해야 한다.

하나의 **바운디드 컨텍스트**를 한 팀이 수행한다는 것은 특히 중요한데, 이는 다른 팀이 소스 코드를 변경할 때 반갑지 않은 문제가 발생할 가능성을 완전히 제거할 수 있기 때문이다. 각 팀은 각자의 소스 코드와 데이터베이스를 소유하고, 공식 인터페이스를 정의해서 **바운디드 컨텍스트**를 다른 팀이 사용할 수 있게 허용한다. 이것이 DDD 사용의 이점이다.

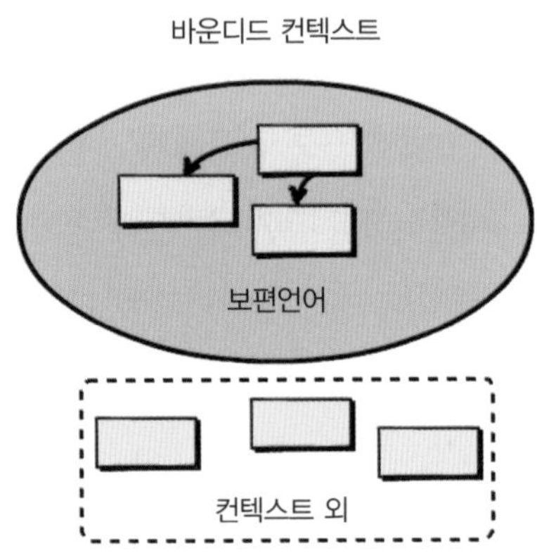

인간의 언어는 시간이 지남에 따라 용어가 진화하고, 국경을 넘어 동일하거나 비슷한 단어들이 가진 의미에 미묘한 차이가 생긴다. 스페인에서 사용하는 스페인어 단어와 콜롬비아에서 사용하는 동일한 단어가 가진 차이를 생각해보자. 이 둘은 발음도 다르다. 분명 스페인의 스페인어가 있고, 콜롬비아의 스페인어가 있다는 것을 알 수 있다. 소프트웨어 모델 언어도 마찬가지다. 다른 팀의 팀원은 동일한 용어에 대해 다른 의미를 부여할 수 있는데, 그들의 비즈니스 지식들이 다른 컨텍스트에 존재하기 때문이다. 다른 팀은 다른 **바운디드 컨텍스트**를 개발한다. 그 컨텍스트 밖의 어떤 컴포넌트도 컨텍스트 안의 것과 같은 정의일 거라 기대할 수 없다. 실제로 각 팀이 모델링한 컴포넌트들은 서로 다르다. 그 차이가 미미할 수도 있고, 엄청날 수도 있다. 하지만 상관없다. 문제가 되지 않기 때문이다.

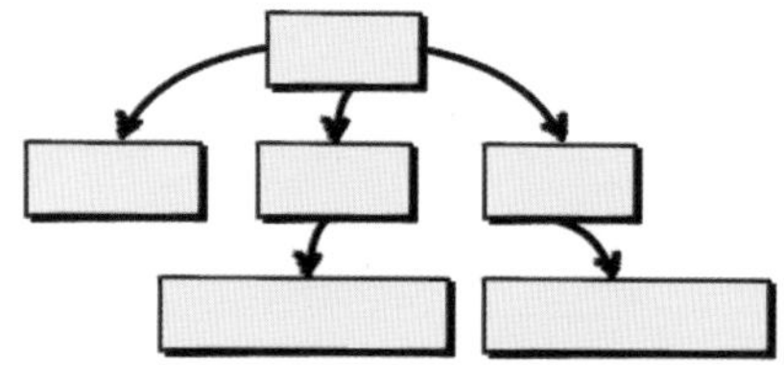

바운디드 컨텍스트를 사용하는 중요한 이유 중 한 가지를 이해하기 위해 소프트웨어 설계에서 흔히 일어날 수 있는 문제를 생각해보자. 각 팀들은 각자의 도메인 모델을 작고 관리할 수 있는 정도에서 시작했다 해도 점점 더 많은 개념이 쌓이는 것을 언제 멈춰야 하는지 모를 때가 자주 있을 것이다.

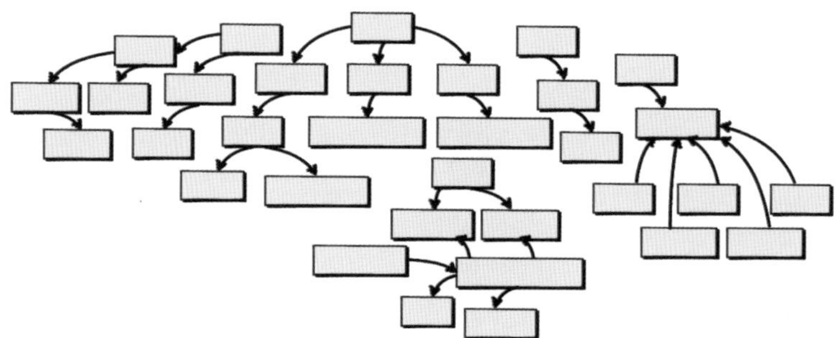

하지만 각 팀들은 더 많은 개념을 계속 추가한다. 이는 나중에 커다란 문제로 발전한다. 하나의 거대하고, 혼란스럽고, 경계가 제한되지 않은 모델 안에 너무 많은 개념이 존재하는 것은 물론, 실제로 다수의 언어가 혼재되면서 점차 모델 내의 언어가 모호해지기 시작한다.

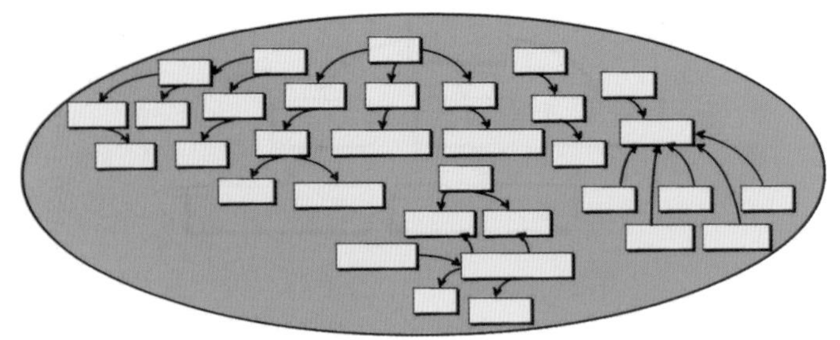

이런 문제 때문에 새로운 소프트웨어 제품을 큰 **진흙 덩어리**처럼 만드는 팀들이 종종 나타난다. 이 큰 **진흙 덩어리**는 분명히 자랑스러운 것이 아니고, 거대한 하나의 돌덩어리처럼 무의미하거나 더 좋지 않을 수도 있다. 이 덩어리는 시스템의 명확한 경계 없이 여러 개의 뒤엉킨 모델들을 담고 있는 것으로, 다수의 팀이 이 모델을 활용해 일을 하게 된다면 아주 큰 문제가 될 수 있다. 그뿐만 아니라 서로 관련이 없는 다양한 개념들이 수많은 모듈로 확장되거나 어울리지 않는 모듈을 상호 연계시킬 수도 있다. 이런 상황에서는 프로젝트에서 테스트를 수행하는 데 아주 오랜 시간이 걸릴 것이고, 이로 인해 중요한 시점에 이 테스트를 건너뛰어야만 하는 상황이 나타날 수도 있다.

이는 너무 많은 사람들이 잘못된 방향으로 너무 많은 일을 하면서 제품을 만드는 것이나 마찬가지다. 결국 보편언어를 개발하고 사용하려는 모든 시도가 갈라지고, 불분명해져, 곧 버려질 모델들을 만들어낼 것이다. 그 결과는 심지어 에스페란토어[1]로 생각되지도 않을 것이다.

1 에스페란토(Esperanto)는 세계에서 가장 많이 쓰이는 인공어다. “에스페란토”라는 이름은 1887년에 발표한 국제어 문법 제1서에 쓰였던 라자로 루드비코 자멘호프의 필명인 "D-ro Esperanto(에스페란토 박사)"에서 유래했다(Esperanto는 본래 '희망하는 사람'이라는 뜻이다). 국제적 의사소통을 위해, 배우기 쉽고 중립적인 언어를 목표로 만들어졌다. 원래는 국제어(Lingvo Internacia)라고 불렸다.(https://ko.wikipedia.org/wiki/%EC%97%90%EC%8A%A4%ED%8E%98%EB%9E%80%ED%86%A0)—옮긴이

마치 큰 **진흙 덩어리**처럼 그냥 엉망진창일 뿐이다.

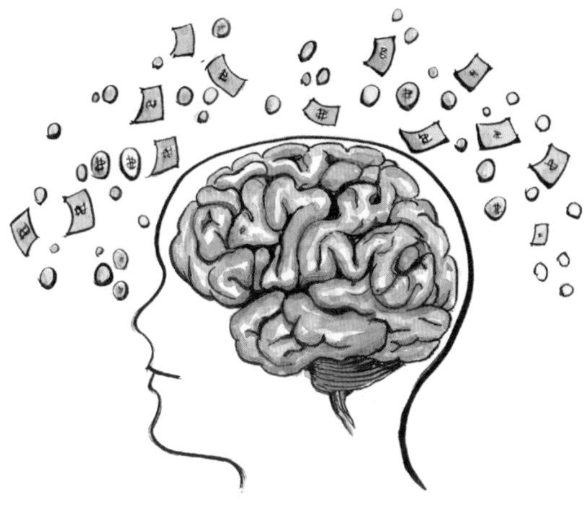

도메인 전문가와 비즈니스 동인

비즈니스 이해관계자들의 이야기에는 기술 담당 팀이 더 나은 모델을 만들 때 선택할 수 있게 도와주는 강하거나 최소한 예리하기라도 한 힌트들이 들어 있다. 큰 **진흙 덩어리**는 이런 비즈니스 전문가의 이야기에 귀를 기울이지 않은 채, 소프트웨어 개발 팀이 제멋대로 노력한 결과다.

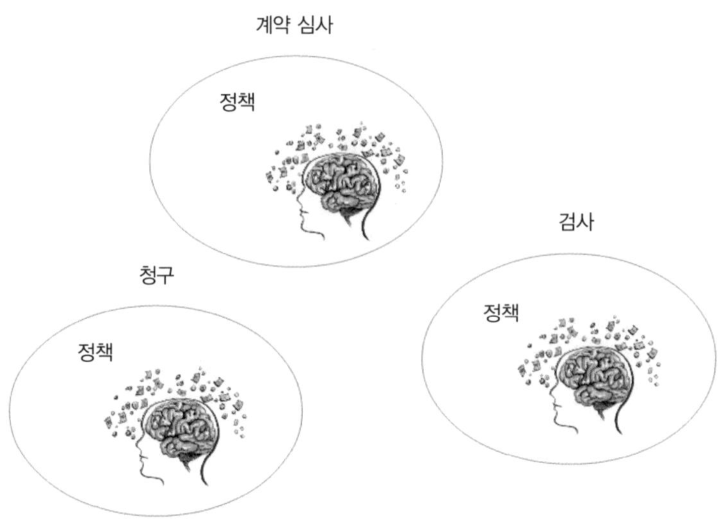

사업 부서나 업무 그룹 단위는 모델 경계를 정의할 때 좋은 실마리를 제공해준다. 각 사업 기능마다 적어도 한 명의 비즈니스 전문가를 두는 것이 일반적이다. 최근에는 관리 계층 하위에 사업 부문이나 기능 그룹을 구성하는 방식의 인기가 떨어진 반면, 프로젝트에 따라 사람들을 그룹화하는 경향이 있다. 심지어 신규 사업 모델을 진행할 때도 비즈니스 동인과 전문 분야에 맞춰 프로젝트를 구성하는 것을 찾아볼 수 있다. 이런 관점에서 조직의 구분과 기능에 대해 생각해봐야 한다.

각 사업 기능이 같은 단어에 대해 서로 다른 정의를 가질 수 있는 경우에는 이런 종류의 구분이 필요하다고 판단할 수 있다. "정책Policy"이라는 개념이 다양한 보험 사업 기능에서 얼마나 다른 의미를 가질지 생각해보자. 계약 심사 정책이 청구 정책이나 검사 정책과 크게 다를 것이라는 것은 쉽게 생각할 수 있다. 자세한 내용은 아래 글상자를 참고하자.

각 사업 부서들의 정책은 각기 다른 이유로 존재한다. 여기에는 예외가 없고, 아무리 고민해봐도 이 사실은 변하지 않는다.

기능별 정책의 차이

계약 심사 정책(Underwriting Policy): 계약 심사를 담당하는 전문 부서에서는 피보험 자산에 대한 위험 평가를 기반으로 정책을 세운다. 예를 들면, (재산) 손해 보험의 계약 심사 관련 업무를 할 때, 계약 심사 요청된 자산을 포함하는 정책으로 보험료를 계산하기 위해 해당 자산과 관련된 위험을 평가한다.

검사 정책(Inspections Policy): 보험사가 손해 보험 관련 업무를 하고 있다면, 계약 심사 시 자산의 검사를 책임지는 검사 전문 부서가 있을 것이다. 보험사는 피보험인이 주장한 자산의 상태만 믿는 것이 아니라 어느 정도는 검사를 통해 확인된 정보에 의존한다. 자산이 계약 심사 대상이 된다면 사진이나 기록 등의 검사 세부 사항들은 검사 부서의 정책과 관련이 있고, 계약 심사 부서에서는 그 자료를 최종 보험료를 협상하는 데 사용할 수 있다.

청구 정책(Claims Policy): 청구 전문 부서의 정책은 계약 심사 부서에서 세운 정책의 조건에 따라 계약 심사된 보험료 지불 요청 내역을 추적한다. 청구 정책의 일부는 계약 심사 정책에도 나타나지만, 보험에 계약 심사된 자산에 대한 손해와 지급액 결정을 위해 청구 담당자가 수행하는 검토 등에서 사용할 정책처럼, 그게 어떤 것이든 청구 관점에서의 정책이 세워져야 할 것이다.

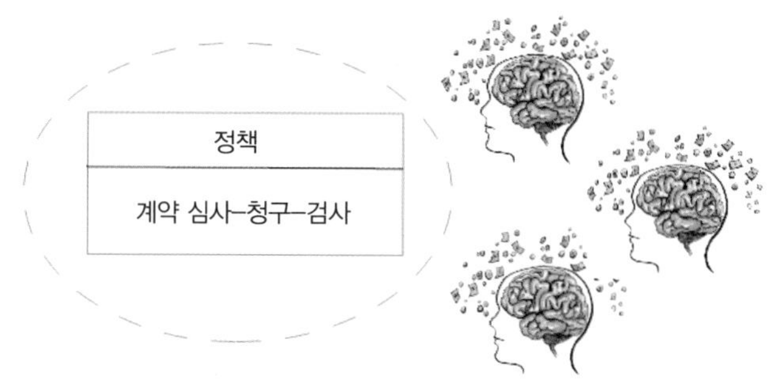

사업 부서는 세 곳인데 세 가지 정책 모두를 하나의 정책으로 통합하려고 한다면, 분명 문제가 발생할 것이다. 만약, 이 정책이 아직 시작도 하지 않은 네 번째, 다섯 번째 사업 개념까지 지원하느라 이미 과부화된 상태였다면 문제는 더 커질 것이고, 아무도 상황을 해결할 수 없을 것이다.

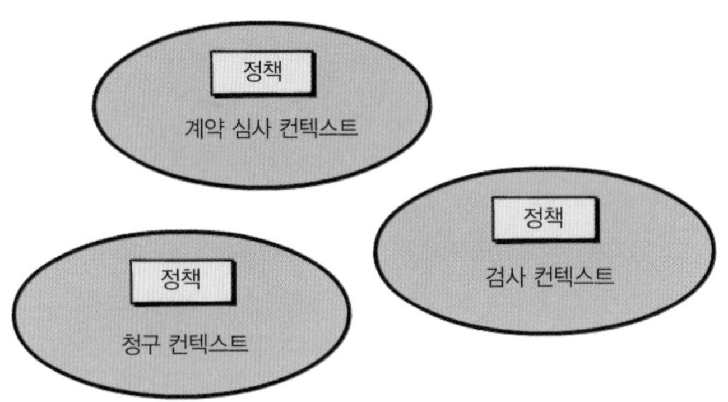

반면, DDD는 서로 다른 개념들을 각기 다른 **바운디드 컨텍스트** 안으로 분리해 놓음으로써 개념 간 차이를 더욱 중시한다. 즉, 각기 다른 언어와 그에 따른 기능이 존재하는 것을 인정하는 것이다. 예를 들어, 정책에 세 가지 의미가 존재한다면, 3개의 **바운디드 컨텍스트**가 있고, 각 컨텍스트들은 그들만의 고유한 정책적 특성을 포함한 정책을 갖는다. 계약 심사 정책이나 청구 정책, 검사 정책과 같은 이름은 필요 없다. 바운디드 컨텍스트의 이름으로 범위를 관리한다. 각 정책들의 이름은 3개의 모든 바운디드 컨텍스트 내에서 단순히 정책으로 표현한다.

또 다른 사례: "비행"이 뭐야?

항공 산업에서 "비행(Flight)"은 여러 가지 의미를 갖는다. 비행기가 공항에서 다른 공항으로 가는 한 번의 이륙과 착륙으로 정의한 "비행"이 있다. 그뿐만 아니라 비행기 정비 관점에서의 "비행"도 있고, 직항/경유 구분 없이 탑승 발권을 의미하는 "비행"도 있다. 이처럼 각각의 컨텍스트 내에서만 "비행"이 갖는 의미를 명확하게 이해할 수 있기 때문에 이들을 분리해 바운디드 컨텍스트 내에 모델링해야 한다. 모든 "비행"을 동일한 바운디드 컨텍스트 안에 모델링하면 뒤엉켜 엉망이 될 것이다.

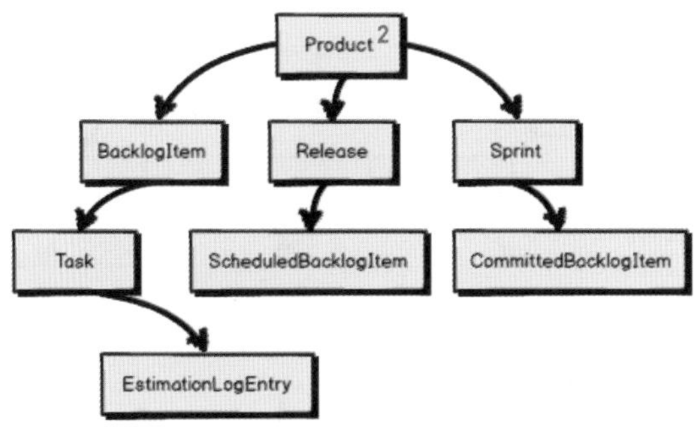

사례 연구

바운디드 컨텍스트를 사용해야 하는 이유를 좀 더 구체화하기 위해 도메인 모델 사례를 들어 설명하겠다. 이 사례는 스크럼 기반 애자일 프

2 영문을 바로 표기한 것은, 소스 코드 관점에서 바라볼 필요가 있는 개념들이기 때문이다. 따라서 단어 자체가 가진 의미뿐만 아니라 프로그래밍을 수행하기 위한 요소들에 대한 설명으로 이해할 필요가 있는 부분은 한글이 아닌, 영문을 바로 표기했다.–옮긴이

로젝트 관리 애플리케이션에 대한 작업이다. 여기서 가장 중요한 핵심 개념은 제품Product인데, 이는 구축 이후라도 몇 년 동안 계속 개발을 통해 개선할 소프트웨어다. 제품은 백로그 아이템Backlog Item, 릴리스Release 그리고 스프린트Sprint를 갖는다. 각 백로그 아이템은 몇 개의 작업Task을 갖고, 각 작업은 추정 기록 항목Estimation Log Entry들의 모음을 가질 수 있다. 릴리스는 예정된 백로그 아이템Scheduled Backlog Item을 갖고, 스프린트는 할당된 백로그 아이템Committed Backlog Item을 갖는다. 여기까지는 순조롭다. 도메인 모델의 핵심 개념을 확인했고, 보편언어 관점이나 의미에도 문제가 없다.

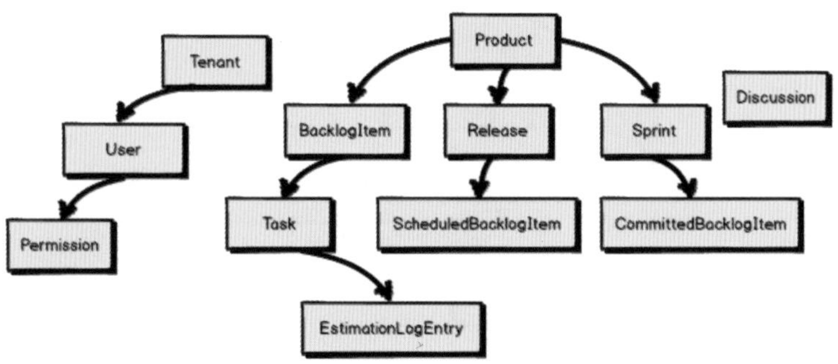

"오, 예!" 팀원들이 이야기했다. "우리에겐 사용자도 필요해요. 그리고 제품 팀 내부에서 협업 논의가 가능하도록 해야겠어요. 관련된 각 조직들을 테넌트Tenant라고 표현합시다. 테넌트 내에 많은 사용자User들을 등록할 수 있도록 하고, 그들에게 권한Permission을 줄 거에요. 이제 우리가 지원할 협업 도구 중 하나를 표현할 논의Discussion라는 개념을 추가하면 좋겠어요."

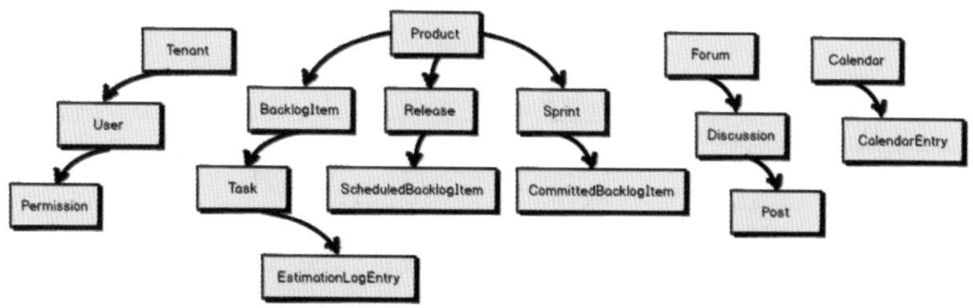

이후 팀원들이 덧붙여 말했다. "자, 여기 또 다른 협업 도구들도 있어요. 논의에는 결과를 게시할 장소Post가 필요하고, 논의들을 알맞은 포럼Forum 내에 위치시켜야 해요. 서로 공유할 수 있는 달력Calendar도 필요해요."

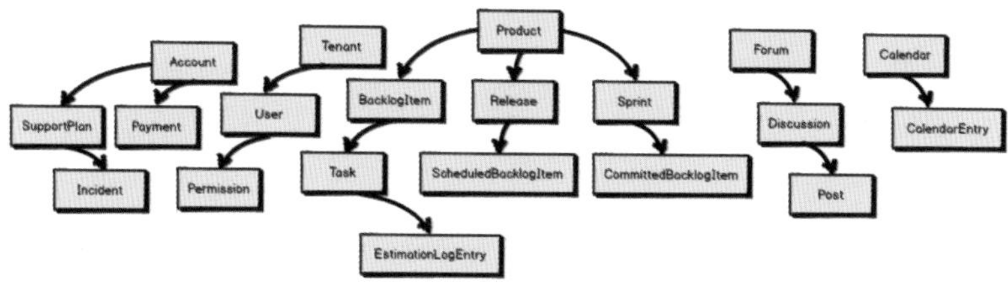

그들은 계속 이야기했다. "그리고 테넌트들이 지불Payment할 수 있는 방법을 제공해야 한다는 것을 잊으면 안돼요. 계층화된 지원 계획Support Plan을 판매할 것이고, 그렇게 되면 지원 수준을 확인할 수 있는 방법도 필요해요. 지원과 지불 모두 계정Account 하위에서 관리시켜야 해요."

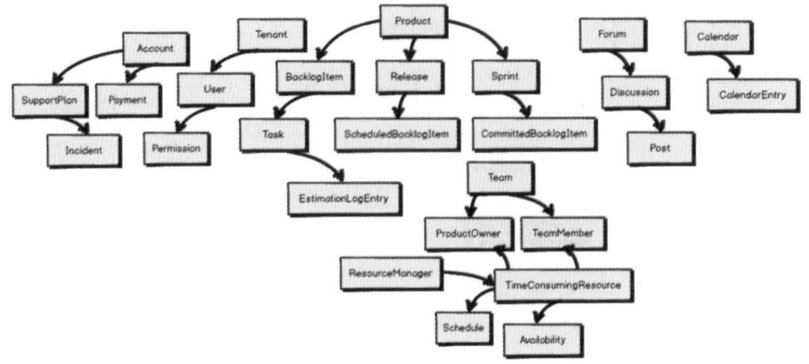

그리고 여전히 더 많은 개념이 모습을 드러낸다. "모든 스크럼 기반 제품에는 제품을 개발할 팀Team이 있고, 각 팀은 한 명의 제품 책임자Product Owner와 몇 명의 팀원Team Member으로 구성돼 있어요. 그런데 인적 자원 활용에 대한 문제는 어떻게 다뤄야 할까요? 흠... 팀 구성원들의 일정Schedule을 활용성과 가용성Availability에 따라 모델링하면 어떨까요?"

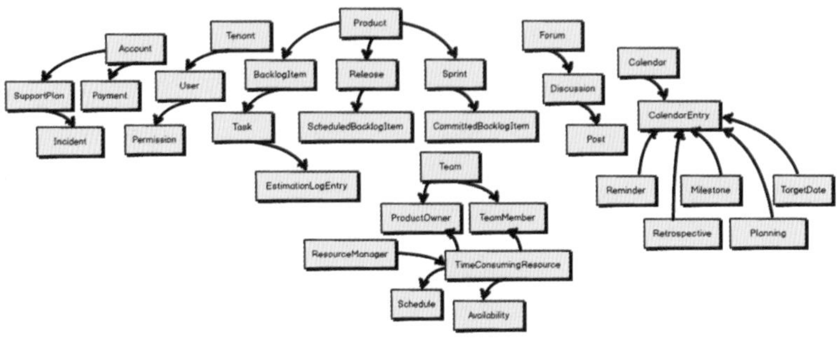

"그 밖에 또 뭐가 있을까요?" 그들이 물었다. "공유 달력을 단조로운 달력 항목으로만 제한하면 안돼요. 일정 메모Reminder, 팀 마일스톤Milestone, 계획Planning이나 회고Retrospective 회의, 목표일Target Date과 같은 특별한 종류의 달력 항목Calendar Entry을 찾을 수 있게 해줘야 해요."

잠깐만! 팀이 빠져든 덫이 보이는가? 그들은 제품, 백로그 아이템, 릴리스 그리고 스프린트에 대한 원래의 핵심 개념으로부터 상당히 멀리 벗어났다. 그들이 사용하는 보편언어는 더 이상 온전히 스크럼에 대한 것만 존재하지 않고, 엉터리가 되고 혼란스러워졌다.

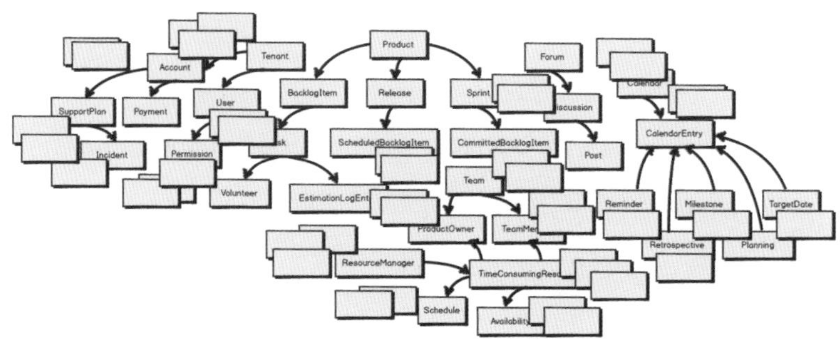

이 예에서는 이름이 정해진 개념에 몇 가지 명칭을 추가적으로 정의하는 오류를 범하고 있다. 이미 정의한 모델링 요소들과 관련돼, 빨리 머리에 떠올릴 수 있는 두세 개 이상의 개념을 생각하는 것은 그리 어렵지 않기 때문이다. 프로젝트는 이제 막 시작했을 뿐이지만, 팀은 이미 큰 **진흙 덩어리**를 인도하는 상황이다.

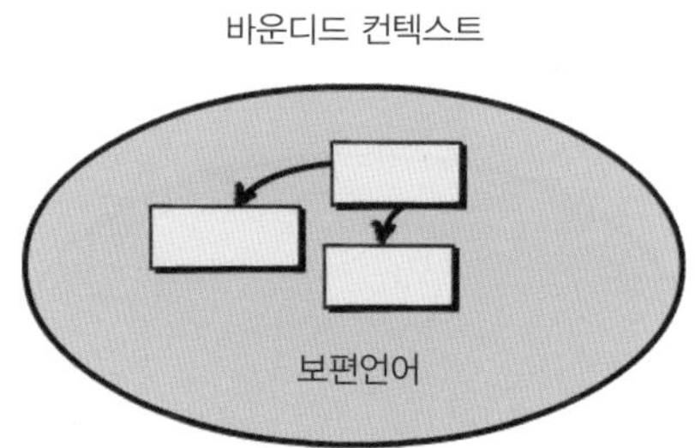

기본적인 전략적 설계를 하려면

DDD 중 어떤 도구가 앞서 언급한 함정을 피하는 데 도움을 줄 수 있을까? 여기에는 적어도 2개의 기본적인 전략적 설계 도구가 있다. 하나는 **바운디드 컨텍스트**이고, 다른 한 가지는 보편언어다. **바운디드 컨텍스트**를 사용하는 것은 "핵심이 무엇인가?"라는 질문에 답하도록 유도한다. **바운디드 컨텍스트**는 전략적 계획의 핵심이 되는 모든 개념들을 밀접하게 유지하면서 포용해야 하고, 나머지는 모두 제외시켜야 한다. **바운디드 컨텍스트**에 남은 개념들은 팀이 사용하는 **보편언어**의 일부가 된다. DDD를 통해 한 덩어리로 뭉쳐진 애플리케이션 설계를 피하기 위한 전략과 수단을 배우게 될 것이다.

효과 테스트하기

바운디드 컨텍스트는 한 덩어리로 뭉쳐 있지 않기 때문에 이를 사용하면 또 다른 이점을 경험할 수 있다. 그 이점 중 하나는 테스트를 하나의 모델에 집중할 수 있어서 테스트할 양이 적어지고, 더 빨리 테스트를 수행할 수 있다는 점이다. 이것이 **바운디드 컨텍스트**를 사용하는 주된 동기는 아니지만, 이 의미만으로도 확실히 가치가 있다.

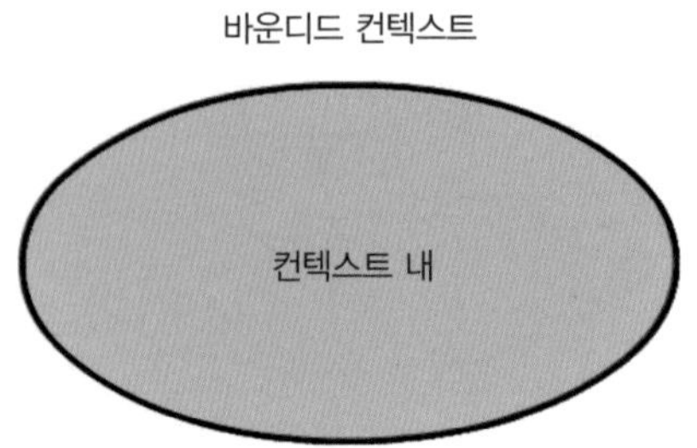

말 그대로, 일부 개념들은 컨텍스트 내에 있을 것이고, 이는 분명히 팀의 언어에 포함된다.

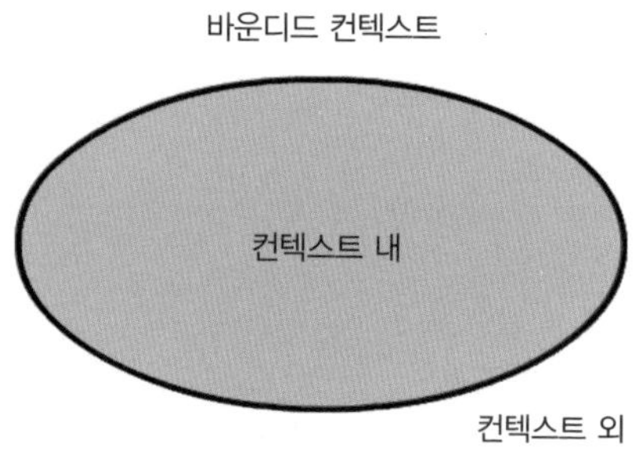

그리고 다른 개념은 컨텍스트 바깥에 있을 것이다. 엄격하게 핵심만 걸러내어 정의한 이 개념들은 **바운디드 컨텍스트**를 소유하는 팀이 사용할 **보편언어**의 일부가 된다.

꼭 기억하세요

엄격하게 핵심만 걸러낸 후 살아남은 개념들은 해당 **바운디드 컨텍스트**를 소유하는 팀의 **보편언어** 일부가 된다. 경계는 그 안의 엄격함을 강조한다.

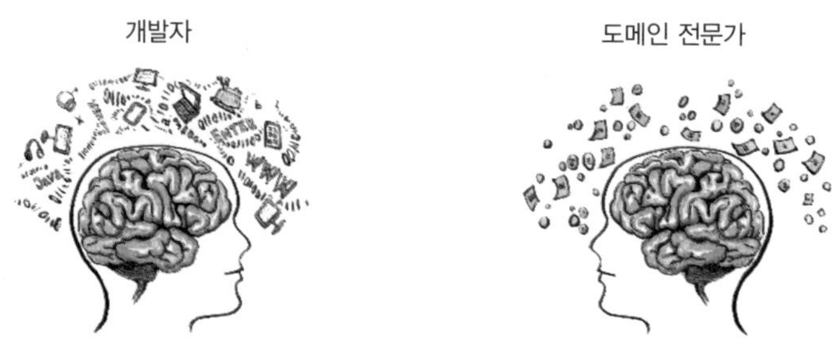

그러면 핵심이 무엇인지 어떻게 알 수 있을까? 이를 위해서는 필수적인 두 가지 그룹(**도메인 전문가**와 소프트웨어 개발자)을 하나로 묶어 서로 협업하는 팀을 만들어야 한다.

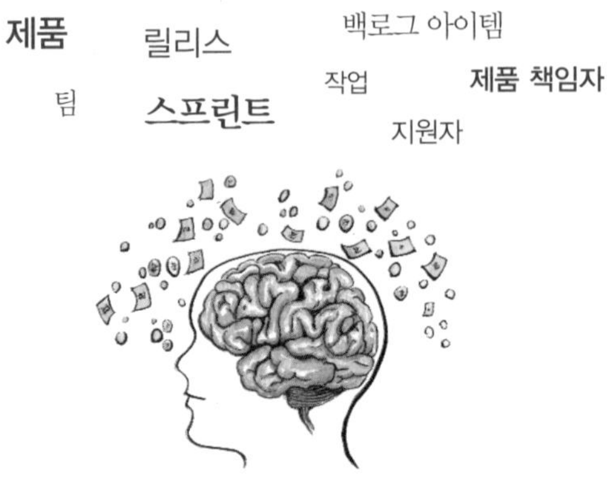

도메인 전문가는 당연히 비즈니스 문제에 좀 더 집중할 것이다. 그들의 생각은 비즈니스가 동작하는 방법에 대한 비전에 의미를 둔다. 스크럼 도메인에서는 스크럼이 프로젝트에서 어떻게 실행되는지 완벽하게 이해하고 있는 스크럼 마스터가 도메인 전문가다.

제품 책임자인가, 도메인 전문가인가?

스크럼 제품 책임자와 DDD **도메인 전문가** 사이에 어떤 차이가 있는지 궁금할 수도 있다. 어떤 경우에는 그들이 동일한 사람일 수도 있으며, 그 사람은 두 가지 역할을 모두 수행할 수 있다. 그렇지만 제품 책임자가 보통 제품 백로그를 관리하고 우선순위를 정하는 것 그리고 프로젝트의 개념적이고 기술적인 연관성이 유지되도록 하는 것에 좀 더 신경 쓰는 것이 바람직하다. 그렇다고 해서 반드시 제품 책임자가 여러분이 일하고 있는 비즈니스의 핵심 경쟁력의 전문가여야 한다는 뜻은 아니다. 반드시 팀 내에 진짜 **도메인 전문**

가를 둬야 하며, 필수적인 노하우가 없다면 그가 제품 책임자를 대신하면 안 된다.

도메인 전문가는 다양한 비즈니스 영역들마다 존재한다. 이것은 직책이 아니라 주로 비즈니스에 중점을 두는 사람들을 지칭한다. 팀의 보편언어의 토대는 비즈니스를 바탕으로 한 도메인 전문가들의 멘탈 모델이다.

반면, 개발자는 소프트웨어 개발에 중점을 둔다. 위 그림처럼 개발자들은 프로그래밍 언어와 기술에 빠져 있을 수 있다. 하지만 DDD 프로젝트를 수행하는 개발자는 핵심 전략 목표의 비즈니스 초점을 받아들이지 못하는 기술 중심의 주장을 하지 않도록 조심해야 한다. 더 정확히 말하면, 어떠한 것이든 개발자는 근거 없는 간결성은 피하고, 해당 팀의 **바운디드 컨텍스트** 안에 팀이 점진적으로 개발하는 보편언어를 수용할 수 있어야 한다.

기술적 복잡도가 아닌 비즈니스 복잡도에 집중하라

DDD를 사용하는 이유는 비즈니스 모델의 복잡도가 높기 때문이다. 그렇다고 해서 도메인 모델이 가져야 하는 복잡도 이상으로 더 복잡한 모델을 만들 이유는 없다. 프로젝트의 기술적 측면보다 비즈니스 모델이 더 복잡하기 때문에 DDD를 사용한다. 이것이 바로 개발자가 **도메인 전문가**와 함께 비즈니스 모델을 파고들어야 하는 이유다!

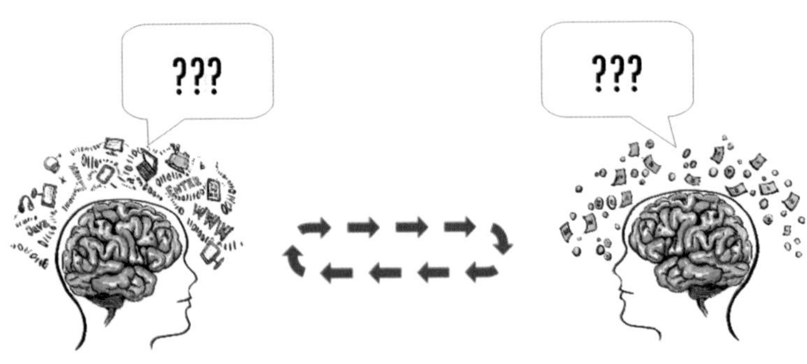

개발자와 도메인 전문가 모두 문서가 대화를 지배하는 상황을 피해야 한다. 최고의 보편언어는 서로 협업하며 나오는 거듭된 피드백에 의해 만들어지며, 이 과정에서 팀의 화합된 멘탈 모델을 만들 수 있다. 열려 있는 대화, 탐구 그리고 현재의 지식 기반에 대한 도전의 결과는 핵심 도메인에 대한 더 깊은 통찰로 이어질 것이다.

도전과 통합

앞서 살펴봤던 통제 불능으로 끝없이 확장되고 있던 모델을 사용해서 "핵심이 무엇인가?"라는 질문을 다시 돌이켜보며, 도전하고 통합해 보자!

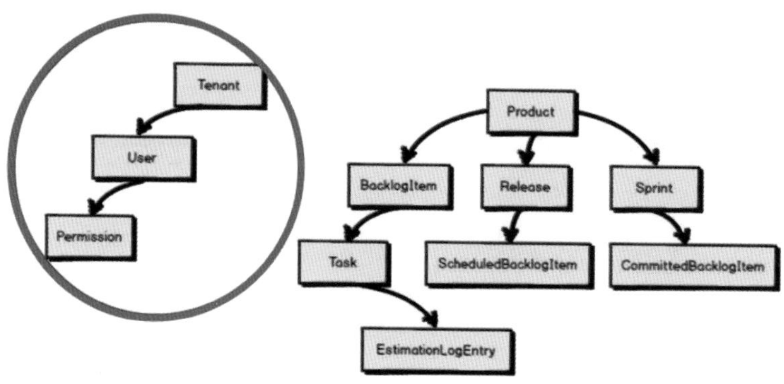

가장 간단한 도전은 거대한 모델의 각 개념들이 스크럼의 보편언어를 따르는지 되묻는 것이다. 글쎄, 잘 따르고 있을까? 예를 들어 테넌트(Tenant), 사용자(User) 그리고 권한(Permission)은 스크럼과 아무런 관련이 없다. 이들 개념은 스크럼 소프트웨어 모델에서 제외해야 한다.

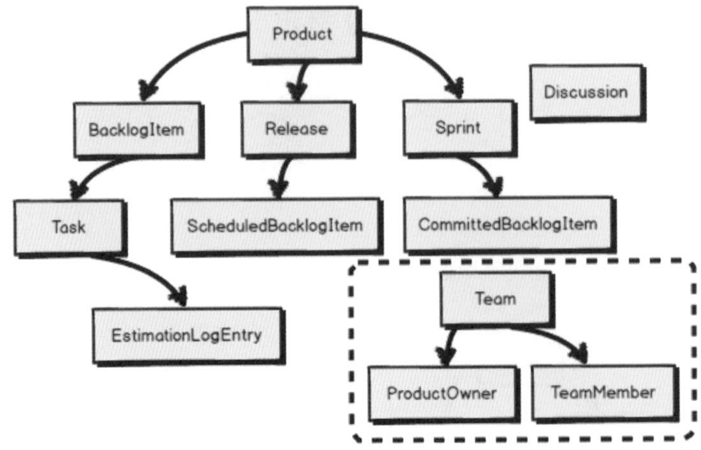

Tenant(테넌트), User(사용자) 그리고 Permission(권한)은 Team(팀), ProductOwner(제품 책임자), TeamMember(팀원)로 대체시켜야 한다. ProductOwner와 TeamMember는 Team의 실제 구성원이다. 하지만 ProductOwner와 TeamMember는 스크럼의 보편언어에 맞춰볼 때 어울린다. 이들 개념은 스크럼 제품에 대해 이야기하고 개념들을 사용하는 팀과 일할 때 자연스럽게 사용할 수 있는 용어다.

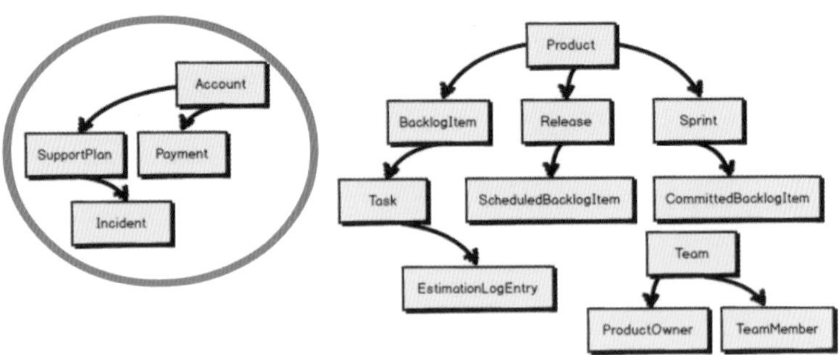

SupportPlans(지원 계획)와 Payment(지불)는 스크럼 프로젝트 관리의 일부일까? 그 대답은 명확하게 "아니다."이다. 사실, SupportPlans와 Payment 모두 Tenant의 Account(계정) 하위에서 관리되겠지만, 핵심 스크럼 언어의 일부는 아니다. 이들 개념들은 컨텍스트 밖에 있고, 이 모델에서 제외시켜야 한다.

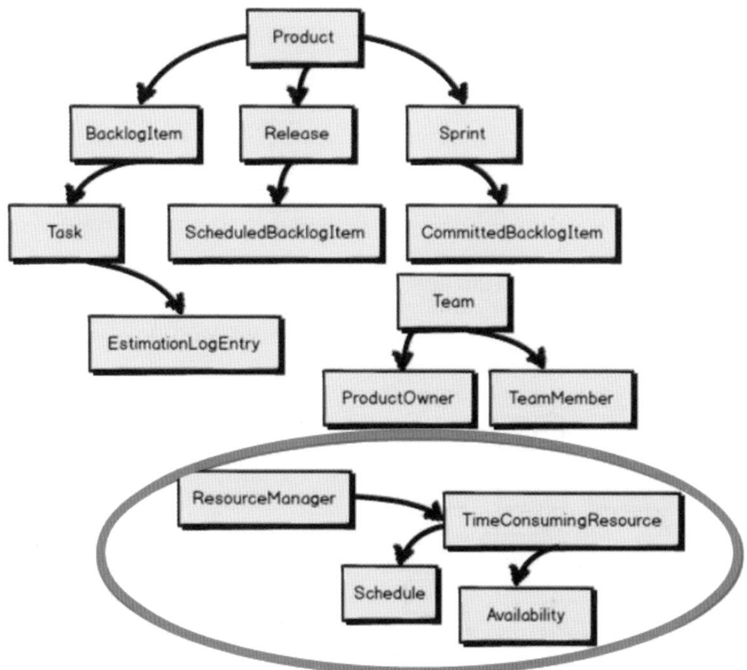

인적 자원 활용 문제에 대해 추가한 부분은 어떨까? 누군가에는 유용할 수도 있겠지만, BacklogItemTasks(백로그 아이템 작업)를 진행할 팀 자원자가 직접 사용하지는 않을 것이다. 이 개념도 컨텍스트 밖에 존재한다.

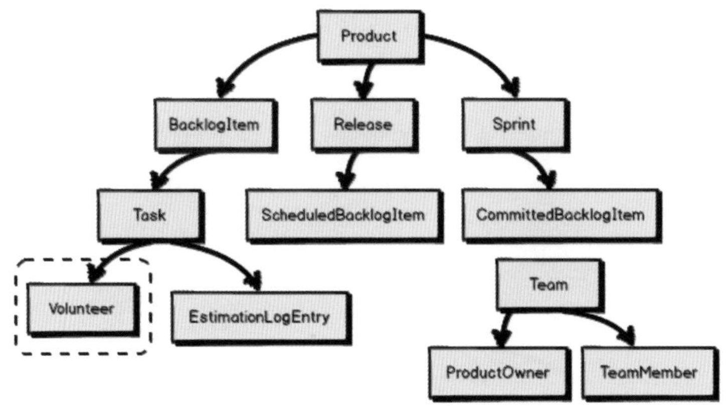

Team, ProductOwner 그리고 TeamMember를 추가한 후, 모델러는 TeamMember가 작업에 참여하는 핵심 개념을 놓친 것을 발견했다. 스크럼에서는 이것을 Volunteer(자원자)라고 한다. Volunteer 개념이 컨텍스트 내에 있기 때문에 핵심 모델 언어에 포함시켰다.

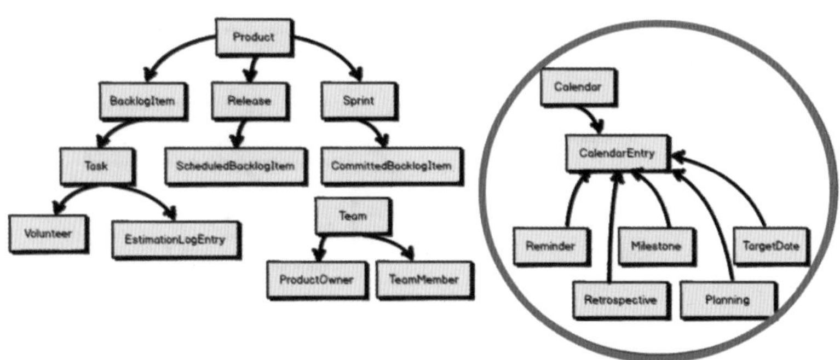

일정 기반의 개념들인 Milestone(마일스톤)이나 Retrospective(회고) 등은 컨텍스트 내에 있지만, 이들에 대한 모델링 작업을 다음 스프린트에서 한다고 가정해보자. 이 경우 그 개념들은 컨텍스트 내에 존재하지만 현재 시점에는 범위 밖에 있다.

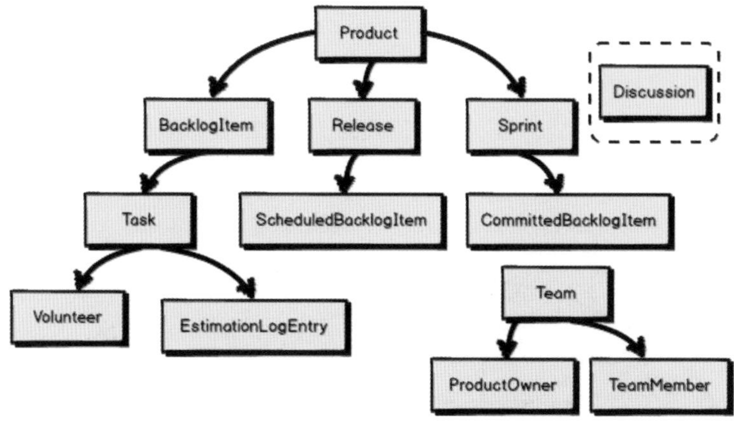

마지막으로, 모델러는 진행 중인 Discussion이 핵심 모델의 일부라는 점을 명확하게 표현하고 싶어한다. 그래서 Discussion을 모델 안에 포함시켰고, 이것은 Discussion이 팀의 **보편언어** 중 일부이며, **바운디드 컨텍스트** 내에 있다는 의미다.

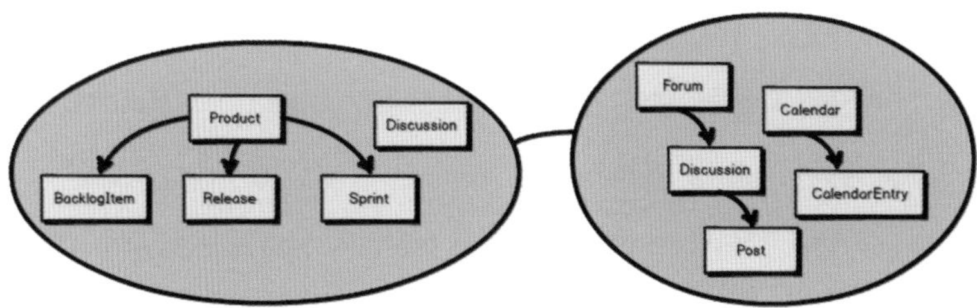

이처럼 모델 관련 여러 가지 시도를 통해 좀 더 깔끔하고 명확한 **보편언어** 모델이 만들어진다. 하지만 스크럼 모델에서 **논의**Discussion라는 **보편언어**가 필요한 의미를 잘 표현할까? 여기엔 분명 그것을 지원하는 여러 부수적인 소프트웨어 컴포넌트가 필요할 것이다. 그래서 그것을 스크럼의 **바운디드 컨텍스트** 안에 모델링하는 것은 적절하지 않은 것처럼 보인다. 사실 온전한 협업 소프트웨어는 컨텍스트 바깥에 존재할 수밖에 없다. 논의는 또 다른 **바운디드 컨텍스트**와의 협업을 통해 보다 적절하게 동작할 것이다. 이것이 바로 **협업 컨텍스트**다.

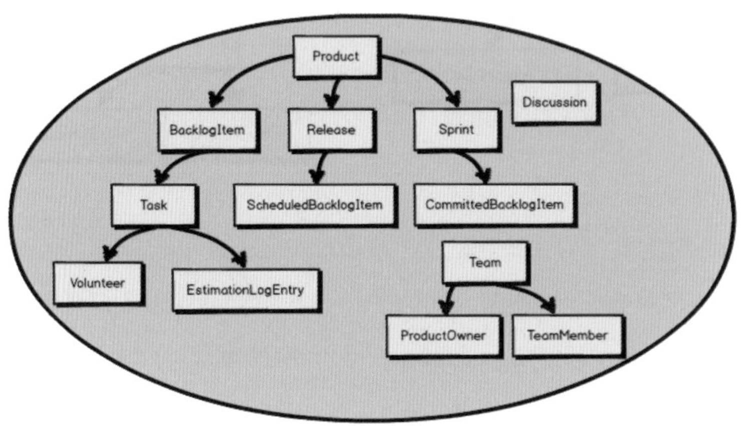

이런 단계들을 거쳐, 한층 간결해진 실제 **핵심 도메인**만 남았다. 물론 핵심 도메인은 확장될 것이다. `Planning`, `Retrospective`, `Milestone` 그리고 관련된 일정 기반 모델들도 시간이 지남에 따라 개발될 것이다. 그렇다고 해도 모델은 스크럼의 **보편언어**에 따르는 새로운 개념들로만 확장될 것이다.

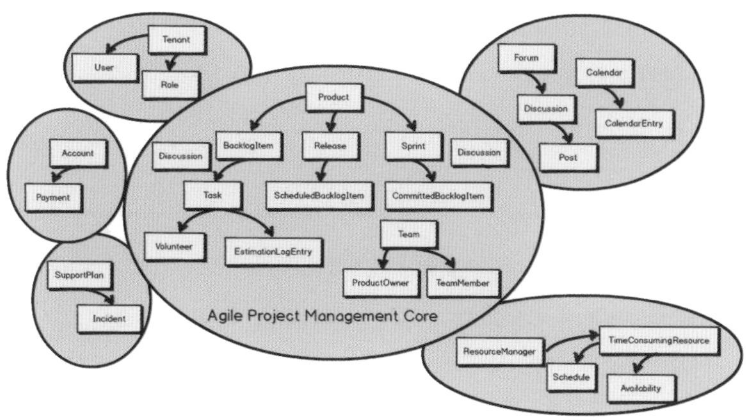

그러면 **핵심 도메인**에서 제외시켰던 모든 다른 모델링 개념들은 어떻게 될까? 제외된 개념들 전부는 아니더라도 그중 몇몇은 각각의 **바운디드 컨텍스트** 내에 정의될 가능성이 높고, 각각의 **보편언어**에 연결될 것이다. **컨텍스트 매핑**이라는 것을 이용해 그들을 통합하는 방법은 나중에 다루도록 하자.

보편언어 개발하기

실제로 DDD가 제공하는 주요 도구를 실천 방안에 넣고, 팀이 보편언어를 개발하려면 어떻게 시작해야 할까? 잘 알려진 명사들로 구성된 **보편언어**가 존재할까? 명사들이 꽤 중요한 역할을 갖고 있지만, 일상생활에서는 명사를 단독으로 사용하는 것보다 훨씬 더 많은 말들을 함께 사용한다는 것을 잊은 채, 개발자들은 도메인 모델 안의 명사에 너무 많은 의미를 부여하는 경향이 있다. 사실, 여태까지 언급해온 **바운디드**

컨텍스트 사례에서도 주로 명사에 중점을 뒀지만, 이는 DDD의 또 다른 측면인 **핵심 도메인**에서는 필수적인 모델 요소까지만으로 제한하는 것에 관심이 있었기 때문이다.

발견을 가속화하라

시나리오를 만들면서, 아마도 몇 번의 이벤트 스토밍 세션을 시도해보고 싶었을 수도 있다. 어떤 시나리오를 작업해야 하고, 어떻게 우선순위를 결정해야 하는지 빠르게 이해할 수 있도록 도움을 주기 때문이다. 이와 비슷하게, 구체적인 시나리오를 개발하는 것은 **이벤트 스토밍** 세션에서 가야 할 방향에 대한 더 나은 아이디어를 준다. 이 두 가지 도구는 함께 잘 어울린다. **이벤트 스토밍**의 사용에 대해서는 7장 '가속화와 관리 도구'에서 설명하겠다.

핵심 도메인을 명사에만 제한시킬 필요가 없다. 그보다는 **핵심 도메인**이 도메인 모델에 나타난 개념에 대한 구체적인 시나리오들을 나타낼 수 있게 만들어야 한다. 여기서 "시나리오"는 소프트웨어 프로젝트에서 흔히 말하는 유스케이스나 사용자 스토리 같은 것을 의미하진 않는다. 말 그대로 어떻게 도메인 모델이 동작해야 하고, 어떤 다양한 컴포넌트들이 동작하는지에 대한 시나리오를 뜻한다. 이것은 도메인 전문가와 개발자 모두가 팀으로 협업해야 가장 완벽한 방법으로 완성할 수 있다.

스크럼의 **보편언어**에 맞는 시나리오 사례를 살펴보자.

> 각 백로그 아이템을 스프린트에 할당한다. 백로그 아이템은 이미 릴리스에 예정돼 있는 경우에만 할당될 수 있다. 만일, 이미 다른 스프

린트에 할당됐다면 먼저 이를 해제시킨다. 할당이 완료되면 관련된 대상에게 알린다.

시나리오는 단지 사람이 프로젝트에서 스크럼을 사용하는 방법만을 의미하는 것은 아니다. 사람이 수행할 절차에 대해 이야기하는 것이 아니기 때문이다. 시나리오는 매우 실제적인 소프트웨어 모델 컴포넌트들이 스크럼 기반 프로젝트 관리를 지원하기 위해 어떻게 동작할 것인지를 나타내는 세부사항이다.

앞서 살펴본 시나리오가 완벽하게 서술된 것은 아니다. DDD 사용의 혜택은 거듭해서 모델을 개선할 방법을 찾는 것이기 때문에 이 정도면 괜찮은 출발이라고 할 수 있다. 명사들을 볼 수 있지만, 시나리오를 명사로만 제한시키지는 않는다. 동사와 부사 그리고 다른 종류의 문법도 포함한다. 시나리오를 성공적으로 마무리짓기 위해 시나리오 완결 이전에 필요한 제약 조건을 둘 수도 있다. 실제로 도메인 모델이 어떻게 동작하는지 그리고 그 설계에 대해 대화할 수 있다는 것이 가장 중요한 이점이자 도움이 되는 특징이다.

단순히 사진과 다이어그램을 그려볼 수도 있다. 이들 모두가 팀에서 의사소통을 잘하기 위한 수단들이다. 여기에 한 가지 주의해야 할 사항이 있다. 장기간에 걸쳐 시나리오와 그림, 다이어그램으로 만들어지는 문서를 최신 상태로 유지해야 하는 경우에는 도메인 모델링에 쏟는 노력에 허비되는 시간이 많아진다. 문서 자체는 도메인 모델이 아니다. 더 정확히 말하면 도메인 모델 개발을 도와주는 도구일 뿐이다. 결국엔 코드가 모델이고, 모델이 코드다. 결혼식에는 멋진 볼거리를 위한 축하연이 필요하지만, 도메인 모델에는 필요하지 않다. 그렇다고 시나리오를 갱신하는 데 어떠한 노력도 기울이지 말라는 뜻은 아니다. 그것이 부담스럽지 않고 도움이 된다면 하는 것도 상관 없다.

앞의 사례에서 **보편언어**의 일부를 개선하려면 무엇을 해야 할까? 잠깐 동안 생각해보자. 놓친 것이 있을까? 머지않아 누가 스프린트에 백로그 아이템을 할당하는지 궁금할 것이다. 누구를 추가하고, 상황이 어떻게 변해가는지 확인해보자.

> 제품 책임자는 각 백로그 아이템을 스프린트에 할당한다.

많은 경우에, 시나리오 안의 각 대표적 역할마다 이름을 부여하고, 백로그 아이템, 스프린트 같은 개념들을 구분짓는 특성을 부여해야 한다는 것을 알 수 있다. 이것은 시나리오를 수용 기준에 대한 명세서보다 좀 더 구체적인 내용으로 만들어준다. 그렇지만 제품 책임자에게 따로 이름을 부여하거나 백로그 아이템이나 스프린트를 구별해 묘사해야 할 특별한 이유가 없을 수도 있다. 이 경우에는 모든 제품 책임자와 백로그 아이템 그리고 스프린트가 구체적인 역할이나 정체성의 여부와 상관없이 모두 같은 방식으로 동작하게 될 것이다. 시나리오 안의 개념에 이름을 붙이거나 구별할 수 있는 정체성을 부여하는 것이 도움이 될 때만, 별도의 이름과 구분짓는 특성을 부여하자.

> 제품 책임자 이사벨은 사용자 프로필 인도 스프린트에 사용자 프로필 조회 백로그 아이템을 할당한다.

여기서 잠깐 내용을 살펴보자. 제품 책임자가 개인적이고 독단적으로 스프린트에 할당할 백로그 아이템을 결정할 수는 없다. 작업 결정에 대한 발언권도 없이 며칠 안에 인도해야 할 소프트웨어 작업에 헌신해야 한다면, 스크럼 팀은 무척 싫어할 것이다. 소프트웨어 모델에서는 한 명의 개인에게 모델의 특정 행동을 수행하도록 책임을 주는 것이 더 실용적일 수 있다. 그래서 이 경우에는 제품 책임자가 행위를 수행하는 것으로 명시한 것이다. 하지만 스크럼 팀은 자연스럽게 다음과 같은 의문을 제기할 것이다. "제품 책임자가 백로그 아이템을 할당하기 위해 나머지 팀원이 해야 하는 일도 있지 않을까요?"

실제 어떤 일이 벌어졌을까? 현재의 모델에 "누가?"라는 질문을 던지면서 모델에 대해 좀 더 심도 깊은 통찰을 얻을 수 있는 기회를 가졌다. 제품 책임자에게 백로그 아이템의 할당을 허용하기 전에, 그 백로그 아이템을 작업할 것인지에 대해 적어도 몇 팀의 합의가 있어야 한다. 이로 인해 아래와 같이 시나리오를 개선할 수 있다.

> 제품 책임자는 스프린트에 백로그 아이템을 할당한다. 백로그 아이템은 이미 릴리스에 예정돼 있고, 팀원의 정족수가 작업을 승인한 경우에 한해 할당한다.

여기에서 정족수라고 부르는 새로운 모델 개념이 등장했고, 정제된 보편언어에 추가됐다. 즉, 해당 팀에 백로그 아이템 작업을 승인할 정족수와 작업을 승인하는 방법을 두기로 결정했다. 이것으로부터 새로운 모델링 개념 그리고 사용자 인터페이스가 팀 상호작용을 촉진해야 한다는 몇 가지 아이디어가 파생돼 나왔다. 서서히 드러나는 혁신이 보이는가?

모델에서 놓친 또 다른 누군가가 있다. 어떤 걸까? 초반 시나리오는 아래와 같았다.

> 할당이 완료되면, 관련된 대상에게 알린다.

관련된 대상이란 누구 또는 무엇일까? 이런 질문과 고민은 모델링 통찰로 이어진다. 백로그 아이템이 스프린트에 할당됐을 때 누가 이 사실을 알아야 할까? 중요한 모델 요소 중 하나는 스프린트 자체다. 스프린트는 전체 스프린트 할당 및 스프린트의 모든 작업을 인도하기 위해 필요한 노력을 추적해야만 한다. 이와 관련된 여러 사항들을 추적하는 스프린트를 설계해야 한다. 여기서 중요한 점은 백로그 아이템이 스프린트에 할당되면 이를 알려야 한다는 것이다.

> 만일, 이미 다른 스프린트에 할당됐다면, 먼저 이를 해제한다. 할당이 완료되면, 할당이 어디서 해제됐고, 현재 어디에 할당돼 있는지 알린다.

이제 꽤 괜찮은 도메인 시나리오가 됐다. 최종 문장은 백로그 아이템과 스프린트 할당에 대해 꼭 해당 시점에 알리지 않을 수도 있다는 것을 의미한다. 이는 비즈니스 관점에서 괜찮은지 물어볼 필요가 있다. 하지만 이는 결과적 일관성을 적용하기 좋은 방법이라는 이야기로 들린다. 그것이 왜 중요한지, 어떻게 그것을 달성할 수 있는지 5장 '애그리게잇과 전술적 설계'에서 확인할 수 있다.

정제된 전체 시나리오는 다음과 같다.

> 제품 책임자는 스프린트에 백로그 아이템을 할당한다. 백로그 아이템은 이미 릴리스에 예정돼 있고, 팀원의 정족수가 작업을 승인한 경우에 한해 할당한다. 만일, 이미 다른 스프린트에 할당됐다면, 이를 먼저 해제한다. 할당이 완료되면, 할당이 어디서 해제됐고, 현재 어디에 할당돼 있는지 알린다.

실제로 소프트웨어 모델은 어떻게 동작할까? 이 소프트웨어 모델을 지원하는 매우 혁신적인 사용자 인터페이스를 상상해보자. 스크럼 팀이 스프린트 계획 회의에 참여하는 동안, 팀원들은 다음 스프린트에서 작업할 백로그 아이템에 대해 논의하고 승인하면서 각자의 스마트폰이나 다른 모바일 기기를 사용해 각 백로그 아이템에 대한 승인을 추가한다. 팀 정족수의 합의를 통한 각 백로그 아이템의 승인은 제품 책임자에게 스프린트에 승인된 모든 백로그 아이템을 할당할 수 있게 해준다.

작업에 시나리오 넣기

아마 작성된 시나리오를 팀의 명세서와 비교해 어떻게 도메인 모델을 검증하는 데 사용할 산출물로 전환시킬 수 있을지 궁금할 것이다. 여기에 사용할 수 있는 **사례를 통한 명세**라고 불리는 기술이 있다. 이를 **행위 주도 개발**BDD: Behavior-Driven Development이라고도 부른다. 이 접근법의 목적은 공유된 이해를 기반으로 보편언어와 모델을 협업을 통해 개발 및 정제하고, 모델이 명세서를 준수하고 있는지를 확인하는 것이다. 인수 테스트를 만들어보면서 이를 수행할 수 있다. 앞의 시나리오를 어떻게 실행 가능한 명세로 수정할 수 있는지 살펴보자.

시나리오: 제품 책임자는 스프린트에 백로그 아이템을 할당한다.
릴리스 일정에 계획된 백로그 아이템,
해당 백로그 아이템의 제품 책임자,
할당할 스프린트,
작업 승인을 위한 팀 정족수가 주어지고,
제품 책임자가 스프린트에 백로그 아이템을 할당하면
백로그 아이템이 스프린트에 할당되고
백로그 아이템 할당 이벤트가 생성된다.

```
Scenario: The product owner commits a backlog item to a sprint
Given a backlog item that is scheduled for release
And the product owner of the backlog item
And a sprint for commitment
And a quorum of team approval for commitment
When the product owner commits the backlog item to the sprint
Then the backlog item is committed to the sprint
And the backlog item committed event is created[3]
```

이런 형식으로 작성된 시나리오를 만들고, 명세를 실행해볼 수 있는 도구를 활용해서 이들 시나리오를 뒷받침하는 코드를 만들어볼 수

3 영문을 의사코드처럼 사용하는 상황인데, 번역만으로는 원래 글의 취지가 잘 나타나지 않아, 영어 원문을 살려 여기서 이야기하고자 하는 의도에 대한 이해를 돕고자 했다. 영문의 Given, When, Then 구문을 보면, 사전 조건, 입력, 출력에 해당하는 내용을 좀 더 쉽게 파악할 수 있을 것이다.–옮긴이

있다. 별도의 도구를 사용하지 않는다 해도 주어진/~때/그러면given/when/then 등의 표현을 사용해 작성한 시나리오는 이전 시나리오 작성 표현들보다 검증에 더 용이하다. 어쨌든, 도메인 모델을 검증하는 수단으로 명세 실행을 활용하는 것이 괜찮아 보일 것이다. 이에 대해서는 7장 '가속화와 관리 도구'에서 좀 더 이야기하겠다.

시나리오와 비교하면서 도메인 모델을 검증할 때, 실행 가능한 명세 형식을 꼭 앞에서 설명한 것과 같은 방식으로 해야 할 필요는 없다. 도메인 모델을 검증할 때 인수 테스트(단위 테스트가 아님)를 생성해 검증할 수도 있지만, 단위 테스트 프레임워크를 사용해서 이와 거의 비슷한 결과를 달성할 수도 있다.

```
/*
제품 책임자는 스프린트에 백로그 아이템을 할당한다. 백로그 아이템은 이미 릴리스에 예정돼 있고, 팀원의 정족수가 작업을 승인한 경우에 한해 할당한다. 만일, 이미 다른 스프린트에 할당됐다면, 먼저 이를 해제한다. 할당이 완료되면, 할당이 어디서 해제됐고 현재 어디에 할당돼 있는지 알린다.

The product owner commits a backlog item to a sprint.
The backlog item may be committed only if it is already
scheduled for release, and if a quorum of team members
have approved commitment. When the commitment completes,
notify the sprint to which it is now committed.
*/

[Test]
public void ShouldCommitBacklogItemToSprint()
{
```

```
  // Given
  var backlogItem = BacklogItemScheduledForRelease();
  var productOwner = ProductOwnerOf(backlogItem);
  var sprint = SprintForCommitment();
  var quorum = QuorumOfTeamApproval(backlogItem, sprint);

  // When
  backlogItem.CommitTo(sprint, productOwner, quorum);

  // Then
  Assert.IsTrue(backlogItem.IsCommitted());
  var backlogItemCommitted =
    backlogItem.Events.OfType<BacklogItemCommitted>()
    .SingleOrDefault();
  Assert.IsNotNull(backlogItemCommitted);
}
```

인수 테스트에 대한 단위 테스트 기반 접근법은 실행 가능한 명세와 동일한 목적을 달성시켜준다. 가독성 문제가 조금 있지만, 이런 방식의 장점은 좀 더 신속하게 시나리오를 검증할 수 있다는 점이다. 물론, 대부분의 **도메인 전문가**는 이 코드를 파악하기 위해 개발자로부터 약간의 도움을 받아야 할 것이다. 이런 접근법을 사용할 때에는 시나리오의 문서 형식을 관련된 검증 코드와 유사하게 유지시키는 것이 가장 적절하다.

선택한 접근법이 무엇이든, 두 가지 방법 모두 일반적으로 녹-적(성공-실패) 방식에 사용할 수 있는데, 처음 수행할 때의 명세는 실패다.

아직 검증을 위한 도메인 모델 개념의 구현이 없기 때문이다. 일련의 적색(실패) 결과들을 기반으로 완전히 명세를 구현하고 검증을 통과(모두 녹색 결과를 확인)하게 될 때까지 도메인 모델을 단계적으로 정제해 나간다. 이런 인수 테스트는 직접적으로 **바운디드 컨텍스트**와 연관되고, 소스 코드 리파지토리에 유지된다.

많은 시간과 노력이 드는 일은?

혁신과 개선을 정리한 후 유지하기 시작할 때, **보편언어**를 어떻게 관리할지 궁금할 것이다. 실제로, 최고의 학습이나 최고의 지식 획득은 매우 긴 시간에 걸쳐 일어나며, 심지어 "유지"라고 하는 기간에도 일어난다. 팀의 유지가 시작될 때, 혁신은 끝났다고 생각하는 것은 큰 착각이다.

아마도 일어날 수 있는 최악의 상황은 **핵심 도메인**에 "유지 단계"라는 딱지를 붙이는 것이다. 지속적인 학습 과정은 절대 단계가 아니다. 초기에 개발됐던 보편언어는 해가 지나도 계속해서 성장해야 한다. 실제로 중요도가 조금 떨어질 수는 있지만, 그 기간이 꽤 길지는 않아야 한다. 그것이 핵심 목표를 위해 조직이 헌신하는 것이다. 오랜 기간 지속적인 노력을 이끌어낼 수 없다면, 이 모델이 과연 지금 이 순간 정말로 전념해야 하는 전략적 차별화 요소, 즉 "**핵심 도메인**인가?"라고 반문해봐야 할 것이다.

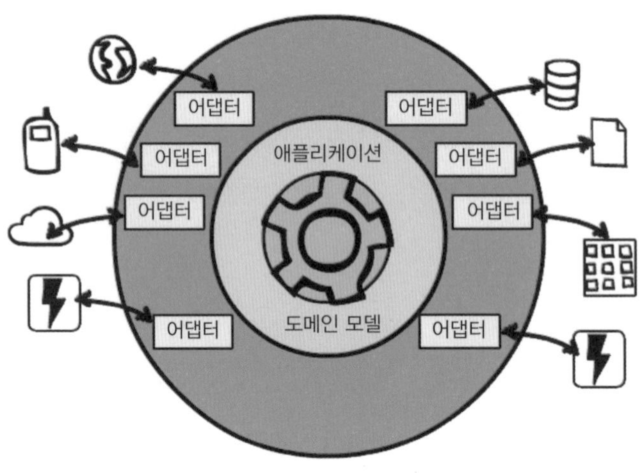

아키텍처

많은 사람들이 궁금해 할 만한 또 다른 질문이 있다. **바운디드 컨텍스트** 안에는 무엇이 있는가? 포트와 어댑터 아키텍처 다이어그램을 보면, **바운디드 컨텍스트**가 도메인 모델 이상의 다양한 요소들로 구성되는 것을 확인할 수 있다.

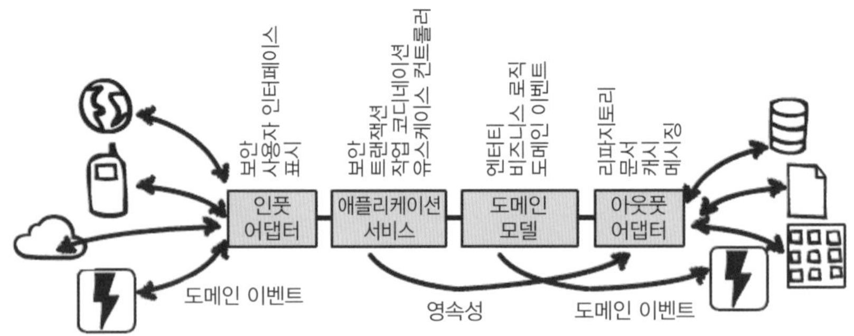

이런 레이어들은 거의 모든 **바운디드 컨텍스트** 내에 존재한다. 사용자 인터페이스 컨트롤러, 레스트 엔드포인트REST endpoints나 메시지 리스너message listeners와 같은 인풋 어댑터Input Adapters, 유스케이스를 조율하고 트랜잭션을 관리하는 애플리케이션 서비스Application Services, 우리가 중점을 뒀던 도메인 모델, 그리고 영속성 관리persistence management나 메시지 발송기message senders와 같은 아웃풋 어댑터Output Adapters. 이 아키텍처의 다양한 레이어들에 대해 이야기할 것은 많지만, 요약본 책에서 서술하기에는 너무 세부적이다. 이에 대한 자세한 논의를 확인하고 싶다면, 『도메인 주도 설계 구현[IDDD]』[4] 4장을 참고하기 바란다.

기술로부터 자유로운 도메인 모델

기술은 아키텍처 전반에 걸쳐 산재해 있지만, 도메인 모델은 기술로부터 최대한 자유로워야 한다. 예를 들면, 트랜잭션은 애플리케이션 서비스에 의해 관리되는 것이지, 도메인 모델에 의해 관리되는 것은 아니다.

포트와 어댑터는 초기 아키텍처에서도 사용할 수 있지만, 이들이 DDD와 함께 사용할 수 있는 고유한 것은 아니다. 필요하다면 포트와 어댑터뿐만 아니라 다른 아키텍처나 아키텍처 패턴(또는 그 외 어떤 것)도 목적에 따라 조합해서 사용할 수 있다.

4 에이콘출판사에서 2016년 출간한 번역서로, 이 책의 저자인 반 버논이 2013년에 출간한 책임–옮긴이

- 이벤트 주도 아키텍처: **이벤트 소싱**[IDDD]. **이벤트 소싱**은 6장 **'도메인 이벤트와 전술적 설계'**에서 다룬다.
- 커맨드-쿼리 책임 분리[CQRS: Command Query Responsibility Segregation][IDDD]
- 반응 및 액터 모델: DDD와 함께 액터 모델에서 사용하는 **액터 모델[Reactive]**에서의 반응 메시징 패턴을 살펴보기 바란다.
- REST: Representational State Transfer[IDDD]
- 서비스 지향 아키텍처[SOA][IDDD]
- 마이크로서비스 구축에서, DDD에서의 바운디드 컨텍스트와 본질적으로 유사한, 마이크로서비스를 설명하고 있으며, 이 책과 **『도메인 주도 설계 구현[IDDD]』**에서도 마이크로 서비스 구축에서 바라보는 관점에서 마이크로서비스 개발을 논한다.
- 이 책과 **『도메인 주도 설계 구현[IDDD]』** 그리고 **액터 모델[Reactive]**에서의 **반응 메시징 패턴**에서 언급하는 클라우드 컴퓨팅은 마이크로서비스 개념과 마찬가지로 모두 일관성 있는 관점에서 언급되고 있다.

마이크로서비스에 대한 또 다른 이야기를 좀 더 해보겠다. 일부 사람들은 마이크로서비스가 DDD의 **바운디드 컨텍스트**보다 훨씬 더 작다고 생각한다. 그 정의를 보면, 마이크로서비스 모델은 오직 한 가지 개념이고, 좁은 의미로는 하나의 데이터 형태만을 관리한다. 이런 마이크로서비스의 사례는 제품(Product)과 백로그 아이템(BacklogItem)이다. 만일, 이것이 마이크로서비스가 수용할 만하다고 판단되는 수준이라면, 제품 마이크로서비스와 백로그 아이템 마이크로서비스 모두 여전히 같은 크기의 논리적 **바운디드 컨텍스트** 내에 존재할 것이다. 2개의 작은 마이크로서비스 컴포넌트는 서로 다른 배포 단위를 갖는데, 이는 상호작용(**컨텍스트 매핑** 참고)에도 영향을 미칠 수 있다. 언어학적으로 볼 때, 그들은 여전히 같은 스크럼 기반 컨텍스트와 의미의 범주 내에 있다.

요약

여러분이 배운 것에 대해 요약하면 아래와 같다.

- 너무 많은 것을 하나의 모델에 넣는 것과 큰 진흙 덩어리를 만드는 것과 관련된 몇 가지 중요한 위험 요소들
- DDD 전략적 설계의 적용
- **바운디드 컨텍스트**와 **보편언어**의 사용
- 가정들에 대한 분석과 멘탈 모델을 통합하는 방법
- **보편언어**를 개발하는 방법
- **바운디드 컨텍스트** 내에서 발견할 수 있는 아키텍처 컴포넌트
- 여러분 스스로 DDD를 실행 방안에 넣는 것이 전혀 어려운 일이 아니라는 것!

바운디드 컨텍스트에 대한 좀 더 깊이 있는 논의는 『**도메인 주도 설계 구현[IDDD]**』 2장을 참고하기 바란다.

Chapter

3

서브도메인과 전략적 설계

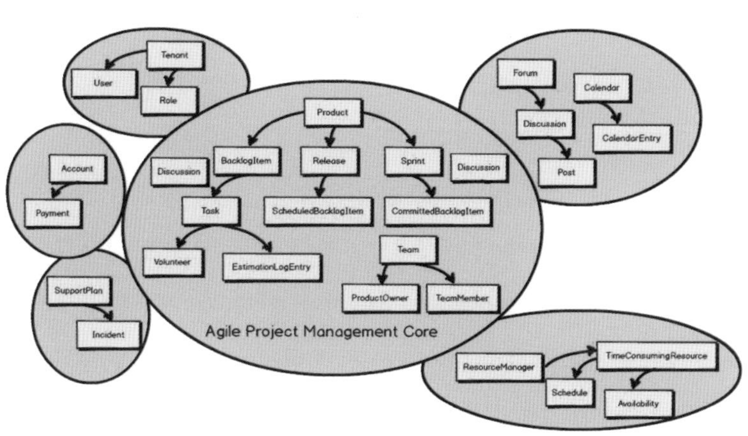

DDD 프로젝트를 진행할 때, 항상 그 안에는 다수의 **바운디드 컨텍스트**가 존재한다. 이 바운디드 컨텍스트들 중 하나는 **핵심 도메인**이 될 것이고, 다른 **바운디드 컨텍스트**에는 다양한 **서브도메인**이 존재할 것이다. 앞선 장에서 특정 **보편언어**로 모델을 서로 다르게 나누고 여러 개의 바운디드 컨텍스트로 구성하는 것의 중요성을 확인할 수 있었다. 앞에 보이는 다이어그램에는 6개의 **바운디드 컨텍스트**와 6개의 서브도메인이 있다. 팀은 DDD 전략적 설계를 사용했고, 이것으로 최적의 모델을 구성했다. 바운디드 컨텍스트마다 하나의 **서브도메인**, 각 **서브도메인**마다 하나의 바운디드 컨텍스트. 다시 말해서 애자일 프로젝트 관리 핵심은 하나의 **바운디드 컨텍스트**와 하나의 **서브도메인** 모두를 포함한다는 것이다. 드물긴 하지만, 하나의 **바운디드 컨텍스트** 안에 다수의 **서브도메인**이 있을 수도 있는데, 이 경우에는 최적의 모델을 구성했다고 보기는 어렵다.

서브도메인은 무엇인가?

간단히 말하면, **서브도메인**은 전체 비즈니스 도메인의 하위 부분이다. **서브도메인**이 하나의 논리적 도메인 모델을 나타내는 것이라고 생각할 수도 있다. 대부분의 비즈니스 도메인은 보통 전체를 포괄적으로 생각하기엔 너무 크고 복잡하다. 그래서 우리는 일반적으로 단일 프로젝트 내에 존재하는 **서브도메인**에 대해 고민한다. 거대하고 복잡한 프로젝트에서 문제 영역을 이해할 수 있도록 전체 비즈니스 도메인을 논리적으로 쪼개는 데 **서브도메인**을 사용할 수도 있다.

서브도메인에 대한 또 다른 생각은 명확한 전문 지식 영역별로 정의하는 것인데, 이는 비즈니스 핵심 영역에 대해 해결 방안을 제시하는 책임의 소유 관점에서 나온다. 이 생각은 특정 서브도메인에는 서브도메인을 활성화시킬 수 있도록 해당 비즈니스를 잘 이해하고 있는 한 명 이상의 도메인 전문가들이 있다는 것을 의미한다. 또한 **서브도메인**에는 크든, 작든 비즈니스에 대한 전략적 의의가 있다.

서브도메인을 개발하는 데 DDD를 사용했다면 명확한 **바운디드 컨텍스트**를 구현할 수 있다. 특정 비즈니스 영역에 전문성을 갖고 있는 도메인 전문가는 그 **바운디드 컨텍스트**를 개발한 팀의 일원이었을 것이다. 하지만 명확한 **바운디드 컨텍스트**를 개발하는 데 DDD를 사용하는 것이 최상의 선택이라 해도 가끔은 단지 희망사항으로 남을 때도 있다.

서브도메인의 유형

프로젝트에는 세 가지 주요 **서브도메인** 유형이 있다.

- **핵심 도메인**: **보편언어**를 신중하게 만들기 위한 전략적 투자 영역으로, 주요 자원을 할당하는 명시적인 바운디드 컨텍스트이며, 잘 정의된 도메인 모델이 존재한다. 이 도메인은 다른 경쟁자들에 대한 차별화를 만들 영역이기 때문에 기업의 프로젝트 목록에서 높은 우선순위를 갖는다. 기업이 모든 것을 차별화할 수는 없기 때문에 핵심 도메인은 기업이 뛰어나야 하는 부분에 대한 경계를 구분해준다. 이런 결정을 위해 필요한 심

층적 학습과 이해를 얻기 위해서는 헌신, 실험 그리고 협업이 필수적이다. 또한 **핵심 도메인**은 소프트웨어에서 가장 큰 투자가 필요한 곳이다. 이 책에서는 이런 프로젝트를 효율적이고 효과적으로 관리하고, 가속화시킬 수 있는 수단을 제시한다.

- **지원 서브도메인**: 이것은 이미 존재하는 제품으로 해결할 수 없는 맞춤 제작 개발이 필요한 모델링 영역을 말한다. 하지만 여기에는 **핵심 도메인**에서와 같은 투자 방식을 동일하게 따를 필요는 없다. 전략적 차별화를 위해 투자한 것에 실패하지 않으면서도 지원 형태의 **바운디드 컨텍스트**에 너무 큰 투자를 하지 않기 위해 아웃소싱을 고려해볼 수도 있다. 하지만 **지원 서브도메인** 없이 핵심 도메인을 성공시킬 수는 없기 때문에 이는 여전히 중요한 소프트웨어 모델이다.
- **일반 서브도메인**: 이 영역은 기존 제품 구매를 통해 바로 충족시킬 수 있는 경우에 해당한다. 하지만 아웃소싱을 할 수도 있고, **핵심 도메인** 또는 좀 더 작은 **지원 서브도메인**에 할당된, 엘리트 개발자가 없는 팀에서 직접 개발할 수도 있다. **일반 서브도메인**을 **핵심 도메인**으로 오해하지 않도록 주의해야 한다. **핵심 도메인**만큼의 투자를 **일반 서브도메인에** 하고 싶지는 않을 것이기 때문이다.

DDD를 사용하고 있는 프로젝트에 대해 논한다면, **핵심 도메인**에 대한 논의는 반드시 필요하다.

복잡성 다루기

비즈니스 도메인 안의 시스템 경계 중 일부는 레거시 시스템일 가능성이 높다. 일부는 기업이 직접 만들었을 수도 있고, 일부는 소프트웨어 라이선스를 구매했을 수도 있다. 이런 경우 레거시 시스템을 개선하는 작업들을 많이 진행하기 어려울 수도 있지만, 여전히 그 시스템들이 **핵심 도메인** 프로젝트에 어떤 영향을 주고 있는지는 명확히 해야 한다. 이런 경우, **문제 영역**에 대해 논의하기 위한 도구로 **서브도메인**을 사용해야 한다.

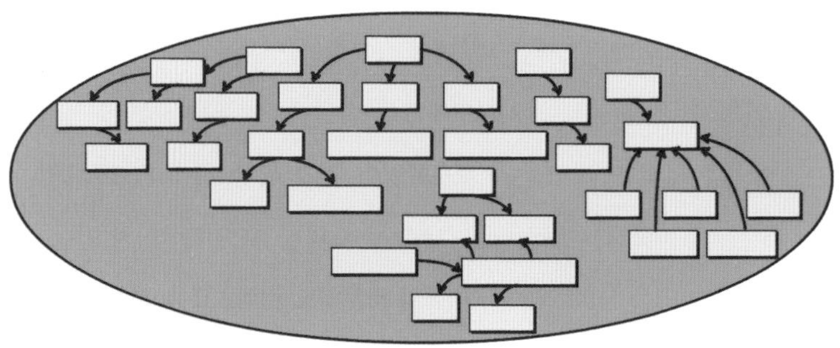

안타깝지만, 실제 상황에서의 일부 레거시 시스템들은 **바운디드 컨텍스트**를 기반으로 설계하는 DDD의 방향과는 상충되기 때문에 이것들을 제한된 경계가 없는unbounded 레거시 시스템으로 여길 수밖에 없다. 이런 레거시 시스템은 앞에서 큰 **진흙 덩어리**로 언급했던 것이기 때문이다. 분리해서 설계와 구현했어야만 하는, 무질서하고 복잡해서 엉망진창인 여러 개의 뒤엉킨 모델들이 현실에는 한 시스템 안에 가득 들어 있다.

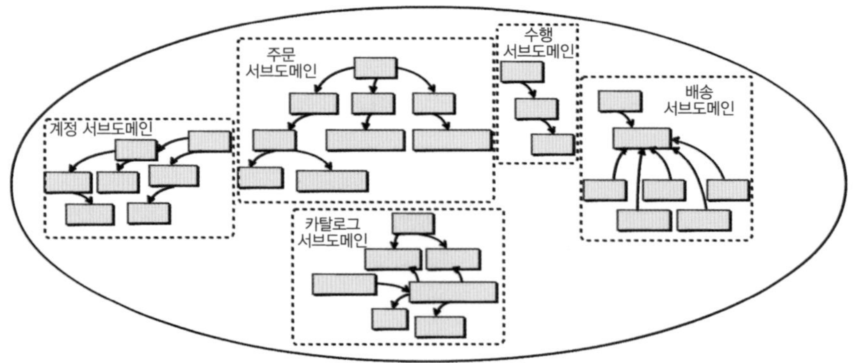

레거시 시스템을 논할 때, 그 안에 몇 개 혹은 더 많은 **논리적**Logical 도메인 모델이 존재한다면, 이것을 **서브도메인**으로 생각해볼 수도 있다. 앞의 다이어그램에, 경계가 없는 레거시로 굳어버린 큰 진흙 덩어리 안에 있을 수 있는 논리적 **서브도메인**을 점선 상자로 표시했다. 여기에는 5개의 논리적 모델 또는 **서브도메인**이 있으며, 논리적 **서브도메인**이 큰 시스템의 복잡도를 해결할 수 있도록 도와줄 수 있다. 이와 같은 생각은 문제 영역을 DDD와 여러 개의 **바운디드 컨텍스트**를 사용해 개발한 시스템처럼 다룰 수 있게 해주기 때문이다.

구분된 **보편언어**를 머릿속에 떠올려보면, 최소한 이 레거시 시스템들을 어떻게 통합해야 할지 이해하는 데 도움이 되기 때문에 레거시 시스템이 조금은 덜 딱딱하고, 덜 뭉쳐진 것처럼 느껴질 것이다. **서브도메인**을 활용해서 레거시 시스템을 바라보고 논의해봄으로써 얼기설기 얽혀 있는 거대한 모델이라는 어려운 현실을 극복해볼 수 있다. 또 이 도구를 통해 서브도메인을 정의할 수도 있는데, 어떤 것이 비즈니스에 좀 더 큰 가치가 있고 프로젝트에 필요한지를 판단할 수도 있고, 중요도가 떨어지는 것들은 우선순위를 낮춰볼 수도 있다.

이렇게 서브도메인을 활용하면, 작업 중이거나 관련 있는 핵심 도메인을 하나의 간단한 다이어그램 안에 표현해볼 수 있다. 이 다이어그램은 **서브도메인** 간 관련성과 의존성을 이해하는 데 도움을 줄 것이다. **컨텍스트 매핑**에 대한 자세한 논의는 나중에 다루도록 하겠다.

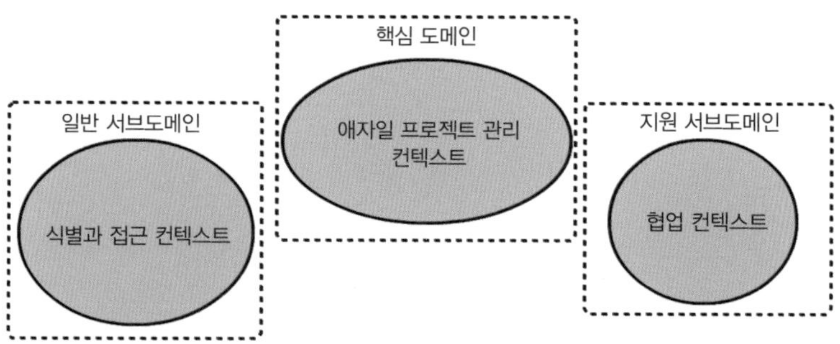

DDD를 사용할 때, **바운디드 컨텍스트**와 **서브도메인**은 일대일(1:1) 관계를 맺어야 한다. 하나의 **바운디드 컨텍스트** 안에 오직 1개의 **서브도메인** 모델을 두는 것을 목표로 한다. 물론, 이것이 항상 가능한 것도 아니고 사실상 그렇게 할 수 없을 때도 있겠지만, 가능하다면 이렇게 설계하는 것이 중요하다. 이는 **바운디드 컨텍스트**를 정확하게 유지시키고 핵심 전략 목표에 집중하는 데 도움을 주기 때문이다.

만약, **핵심 도메인** 안에 존재하는 동일한 **바운디드 컨텍스트** 안에 다른 모델을 만들어야 하는 상황이라면, **핵심 도메인**으로부터 완전히 분리된 **모듈**[IDDD] 형태로 그 모델을 별도의 영역에 정의해야 한다(DDD **모듈**은 기본적으로 스칼라와 자바의 패키지에 해당하며, F#과 C#은 네임스페이스에 해당한다). 이것은 하나의 모델이 핵심을 이루고 다른 모델들은 지원하는 역할이라는 구성을 명확하게 나타낸다. 이처럼 **서브도메인**을 구분하는 일은 **해결 영역**에 계속 적용하게 될 것이다.

요약

여러분이 배운 것을 요약하면 아래와 같다.

- **서브도메인**이 무엇이고, **문제 영역**과 **해결 영역**에서 어떻게 사용하는가?
- **핵심 도메인**과 **지원 서브도메인**, **일반 서브도메인**의 차이
- **큰 진흙 덩어리** 레거시 시스템과의 통합을 고려할 때, **서브도메인**을 사용할 수 있는 방법
- DDD의 **바운디드 컨텍스트**와 **서브도메인**을 일대일 관계로 맺는 것의 중요성
- **핵심 도메인**과 **지원 서브도메인**을 2개의 서로 다른 **바운디드 컨텍스트**로 분리하는 것이 현실적이지 않을 때, DDD 모듈로 그것을 분리하는 방법

서브도메인에 대한 좀 더 많은 내용은 『**도메인 주도 설계 구현[IDDD]**』 2장에서 확인할 수 있다.

Chapter

4

컨텍스트 매핑과 전략적 설계

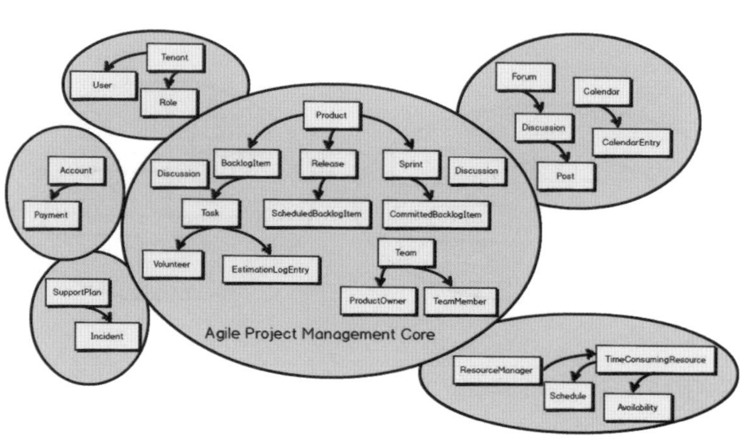

앞에서 DDD 프로젝트에는 **핵심 도메인**뿐만 아니라 프로젝트와 관련된 여러 개의 **바운디드 컨텍스트**가 있다는 것을 확인했다. **핵심 도메인**으로 정의한 **애자일 프로젝트 관리 컨텍스트**에 맞지 않는 다른 개념들은 전부 다른 **바운디드 컨텍스트** 중 하나로 옮겼다.

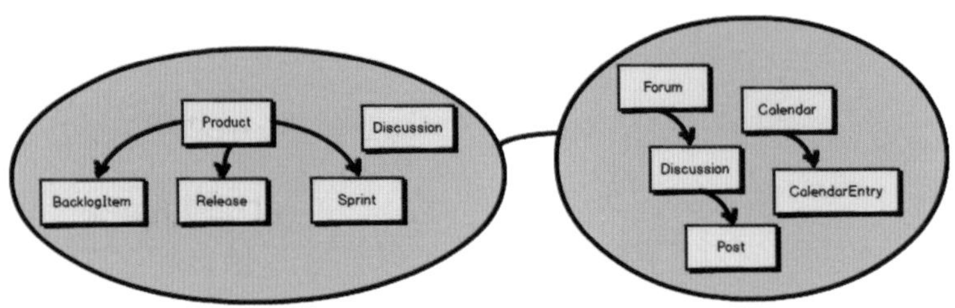

애자일 프로젝트 관리 **핵심 도메인**을 다른 **바운디드 컨텍스트와** 통합해야 한다는 것도 배웠는데, DDD에서는 이런 통합을 **컨텍스트 매핑**이라고 한다. 이전의 컨텍스트 맵에서 `Discussion`이 2개의 서로 다른 **바운디드 컨텍스트** 내에 존재하는 것을 확인할 수 있다. 이때 **애자일 프로젝트 관리 컨텍스트**가 `Discussion`의 소비 주체라는 점과 **협업 컨텍스트**가 `Discussion`의 근원이라는 것도 함께 기억하고 있어야 한다.

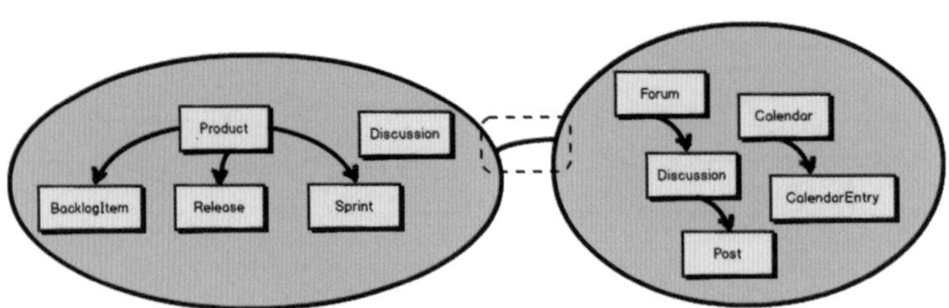

위 다이어그램에서 **컨텍스트 매핑**을 점선으로 된 상자 안에 선으로 표

시했다(점선으로 된 상자는 **컨텍스트 매핑**의 일부가 아니라 선을 지칭하는 표시일 뿐이다). 2개의 바운디드 컨텍스트 사이의 이 선은 컨텍스트 매핑을 나타낸다. 다시 말해서 이 선은 2개의 **바운디드 컨텍스트**가 어떻게든 매핑돼 있다는 것을 의미한다. 두 바운디드 컨텍스트 사이에는 통합뿐만 아니라 팀 간의 다양한 관계도 존재할 수 있다.

서로 다른 두 **바운디드 컨텍스트** 안에 각각의 보편언어가 있는 것을 생각해보면, 이 선은 두 언어 사이의 통역을 나타낸다. 위 그림을 보면, 두 팀이 함께 일할 때 그들 사이에는 경계가 있고, 같은 언어를 사용하지 않는 상황을 가정해볼 수 있다. 두 팀 중 어느 한 팀에 통역가가 있거나 하나 또는 두 팀 모두가 상대 팀의 언어를 어느 정도는 배워야 한다. 통역가를 찾는 것이 두 팀 모두에게 더 수월한 일이겠지만, 여러모로 많은 비용이 들 수도 있다. 예를 들어, 통역가와 말하는 시간을 포함해, 명세를 다시 다른 팀에게 전하는 데 소요되는 시간을 생각해보자. 초기 얼마간은 잘 진행되는 것처럼 보이겠지만, 곧 번거롭게 느껴질 것이다. 물론 팀의 관점에서 볼 때, 외국어를 배워 수용하고 지속적으로 두 언어를 번역하는 것보다 이것이 더 나은 해결 방안이라고 생각할 수도 있다. 다만, 이 사례는 단지 2개의 팀 관계만 묘사하고 있을 뿐이다. 만약, 더 많은 다른 팀들이 관여돼 있다면 어떨까? 하나의 **보편언어**를 다른 여러 개의 언어로 번역하거나 또 다른 방법으로 다른

보편언어를 처리한다 해도 각각의 장단점들이 존재할 수밖에 없다.

컨텍스트 매핑을 살펴볼 때, 2개의 바운디드 컨텍스트 사이에 놓여진 선이 **어떤 종류**의 팀들 사이에 존재하는 관계와 통합인지에 주목해야 한다. 두 영역 간 경계와 그 사이의 관계를 잘 정의한다면, 시간에 따라 적절한 조정을 통해 변화를 지원할 수 있기 때문이다. 여러 종류의 컨텍스트 매핑이 있을 수 있으며, 팀에 대한 것이든, 기술적인 것이든 모두 관계선으로 표시할 수 있다. 어떤 경우에는 팀 사이의 관계와 통합에 대한 매핑이 함께 섞일 때도 있다.

매핑의 종류

컨텍스트 매핑 선으로 어떤 관계와 통합을 표현할 수 있을까? 함께 살펴보자.

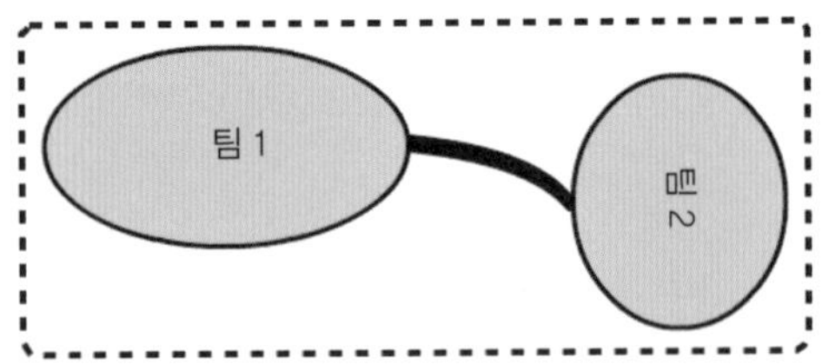

파트너십

두 팀 사이에 파트너십 관계가 존재할 수 있다. 각 팀은 하나의 **바운디드 컨텍스트**를 책임진다. 두 팀은 일련의 목표에 대한 의존성에 맞추기 위해 **파트너십**을 구성한다. 두 팀이 함께 성공하거나 다같이 실패한다는 의미다. 이들은 매우 밀접한 관련이 있기 때문에 상호간 의존적인 작업이나 여러 일정들을 조율하고, 통합을 적절하게 유지하기 위해 지속적으로 통합에 노력한다. 이런 형태의 동기화는 두 팀 사이에 굵은 매핑 선으로 표시한다. 굵은 선은 필요한 약속의 수준이 꽤 높다는 것을 의미한다.

장기간 **파트너십**을 유지하는 것은 매우 어려운 일이며, **파트너십**에 참여하는 많은 팀들은 관계의 기한을 제한하고 싶어 할 수도 있다. **파트너십**이 상호간 이점을 제공한다면 관계를 지속시키고, 서로의 의존성이 줄어들어 이점이 사라지는 상황이라면 다른 관계로 매핑을 설정해야 한다.

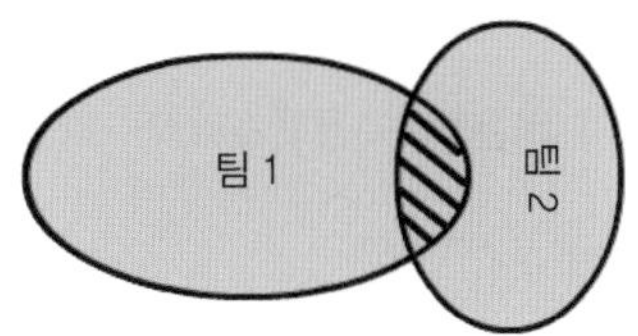

공유 커널

앞의 그림에 두 바운디드 컨텍스트의 교차 지점으로 표시한 공유 커널Shared Kernel은 2개(또는 그 이상) 팀 사이에 작지만 공통인 모델을 공유하는 관계를 나타낸다. 각 팀은 공유하는 모델 요소에 대해 서로 합의해야 한다. 공유하는 모델의 코드, 빌드를 관리하고 테스트하는 것은 한 팀에서 맡아 수행한다. 공유 커널은 팀 사이에 열린 의사소통이 가능해야 하고, 공유하는 모델에 대한 지속적인 합의가 있어야 하기 때문에 먼저 처리하기도 어렵고, 관리하는 것도 쉽지 않다. 하지만 이후 섹션에서 살펴보게 될, 관련된 모든 팀들이 **각자 저마다의 길**을 가는 것보다 공유 커널이 더 좋은 생각이라고 여긴다면 좋은 결과를 얻을 수 있다.

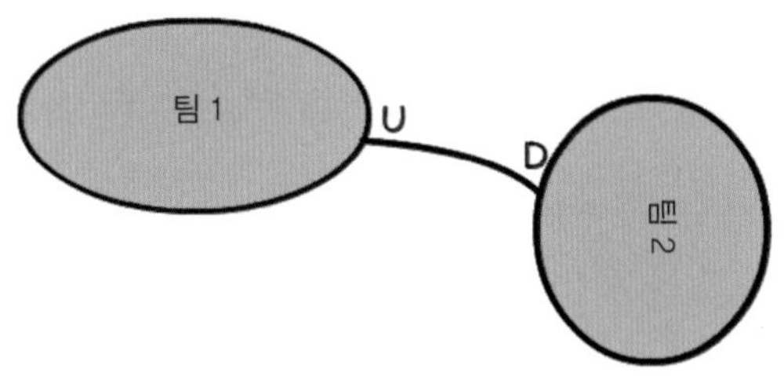

고객-공급자

고객-공급자는 2개의 **바운디드 컨텍스트**와 각 팀들의 관계를 나타내는데, **공급자**는 상류(Upstream, 위 다이어그램의 U), **고객**은 하류(Downstream, 위 다이어그램의 D)로 표현한다. **공급자**는 고객이 원하는 것을 제공해야 하기 때문에 관계를 주도하는 것은 **공급자**다. 다양한 기대를 충족시키기 위해 **공급자**와 함께 계획하는 것은 **고객**의 역할이지만, 고객이 언제 무엇을 받게 될지는 결국 **공급자**가 결정한다. **공급자**가 고객의 실제적 요구를 무시하고 완전히 제멋대로인 상황만 아니라면,

이는 팀 사이에 매우 일반적이고 현실적인 관계이며, 같은 조직 내에서도 마찬가지로 적용된다.

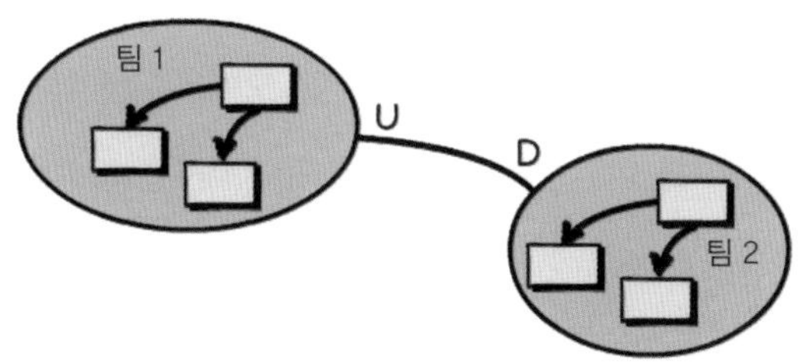

준수자

준수자Conformist 관계는 상류와 하류 팀이 있고, 상류 팀이 하류 팀의 특정 요구에 지원할 동기가 없는 경우에 나타난다. 이런 상황에서는 하류 팀이 자기들의 특정 요구에 맞춰 상류 모델의 **보편언어**를 계속 변환시키는 것은 쉽지 않기 때문에 현재의 상류팀 모델을 그대로 따른다. 이런 **준수자** 모델은 종종 등장한다. 예를 들면, 아마존과 제휴하는 판매자 중 하나가 아마존 시스템과 통합하려고 할 때 아마존 모델을 준수하는 것처럼 확실하게 자리잡은 매우 거대하고 복잡한 모델과의 통합이 필요할 때 이런 유형이 나타난다.

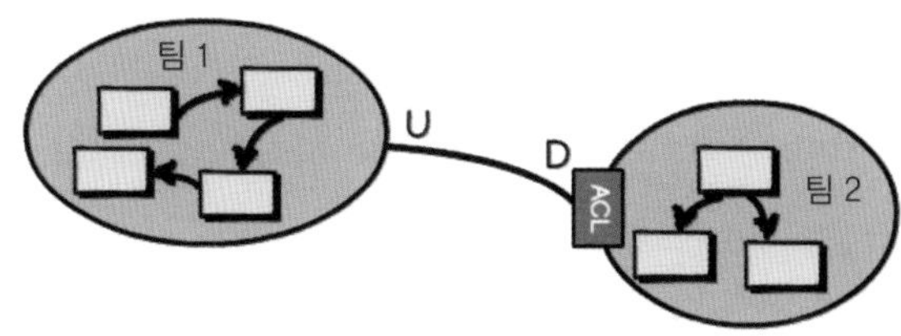

반부패 계층

반부패 계층 Anticorruption Layer은 가장 방어적인 컨텍스트 매핑 관계인데, 하류 팀이 그들의 **보편언어** 모델과 상류 팀의 **보편언어** 모델 사이에 번역 계층을 만드는 것이다. 이 계층은 상류 모델로부터 하류 모델을 독립시키고 둘 사이를 번역한다. 이것은 통합에 대해서도 마찬가지다.

가능하다면 하류 모델과 상류 통합 모델 사이에 반부패 계층을 만들어야 한다. 이렇게 함으로써 통합에 용이한 모델 개념들을 만들고, 원하는 형태의 특정 비즈니스 요구도 맞추고, 외부의 이질적인 개념으로부터 독립성을 유지시킬 수도 있다. 이런 경우는 서로 다른 언어로 말하는 두 팀 사이를 번역하는 번역가를 고용한 것에 가까운 상황이라고 말할 수 있지만, 특정 상황에서는 여러 가지 형태로 비용이 매우 높아질 가능성도 있다.

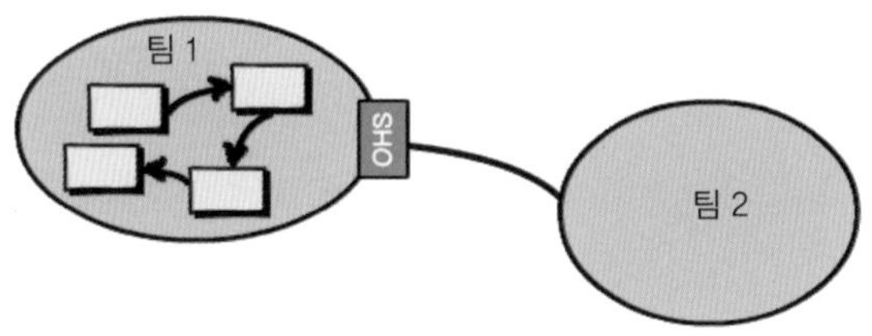

공개 호스트 서비스

공개 호스트 서비스 Open Host Service는 일련의 서비스처럼 여러분의 **바운디드 컨텍스트**에 대한 접근을 제공하는 프로토콜이나 인터페이스를 정의한다. 그 프로토콜은 여러분의 바운디드 컨텍스트와 통합하고자 하는 모두가 용이하게 사용할 수 있도록 "공개"돼 있다. 애플리케이션 프로그래밍 인터페이스(API)로 제공하는 서비스는 문서화가 잘돼 있고 사용하기가 좋다. 만약, 위 다이어그램의 팀 2가 여러분이고, 통합에서 여러분 쪽에 독립적인 반부패 계층을 만들 시간이 없다 해도 이 모델의 준수자가 되는 것이 수많은 레거시 시스템들을 맞닥뜨리는 것보다 괜찮은 선택일 수 있다. 공개 호스트 서비스의 언어가 다른 종류의 시스템보다 훨씬 더 사용하기 쉽다고 이야기할 수도 있다.

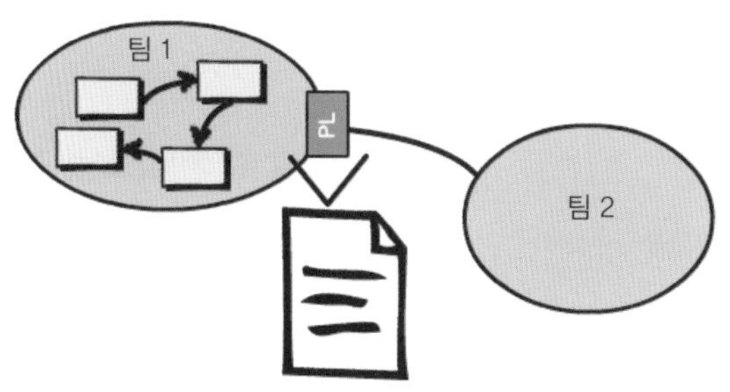

공표된 언어

위의 그림에 표시돼 있는 공표된 언어는 이를 사용하는 **바운디드 컨텍스트**의 규모에 관계없이, 모두 간단한 사용과 번역을 가능하게 하는 잘 문서화된 정보 교환 언어다. 읽고 쓰는 모두가 그들의 통합이 제대로 되고 있다는 신뢰를 갖고 공표된 언어로 번역할 수 있다. 공표된 언어는 XML 스키마, JSON 스키마 또는 프로토버프Protobuf나 아브로Avro처럼 좀 더 최적화된 작성 형식으로 정의할 수 있다. 보통 **공개 호스트 서비스**는 서드파티에게 최상의 통합 경험을 줄 수 있는 공표된 언어를 제공한다. 이 결합은 매우 편리하게 두 **보편언어** 사이에 번역을 제공한다.

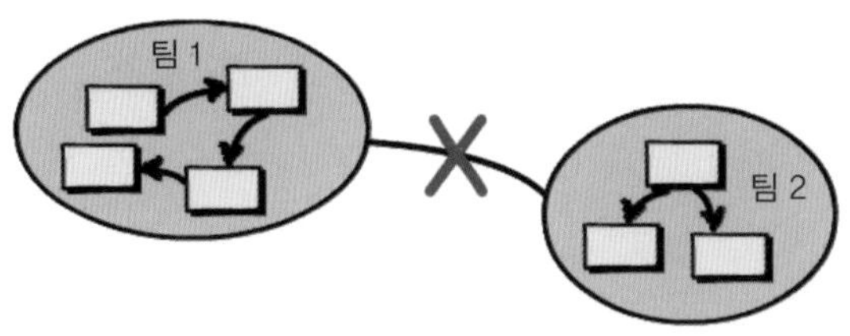

각자의 길

각자의 길 Separate Ways은 1개 이상의 **바운디드 컨텍스트를** 통합으로, 다양한 **보편언어**를 사용하는 것이 유의미한 결과를 제공하지 못하는 상황을 말한다. 아마도 여러분이 찾는 기능을 다른 **보편언어**에서 완전히 제공하지 않을 것이다. 이 경우에는 여러분의 **바운디드 컨텍스트** 내에서 이를 위한 해결 방안을 만들고 통합은 잊어버리자.

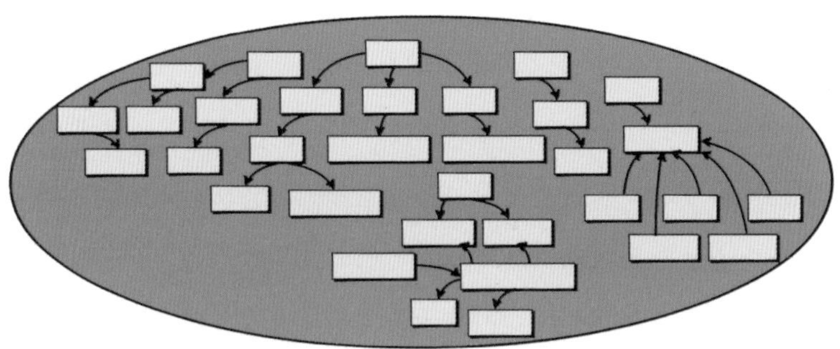

큰 진흙 덩어리

이미 앞에서 큰 **진흙 덩어리**에 대해 충분히 배웠지만, 그 안에서 일하거나 그것과 통합해야 할 때 경험하게 될 심각한 문제들을 좀 더 좋지 않은 상황으로 만들어볼 것이다. 여러분은 큰 **진흙 덩어리**를 만드는 일은 기를 쓰고 피해야 한다.

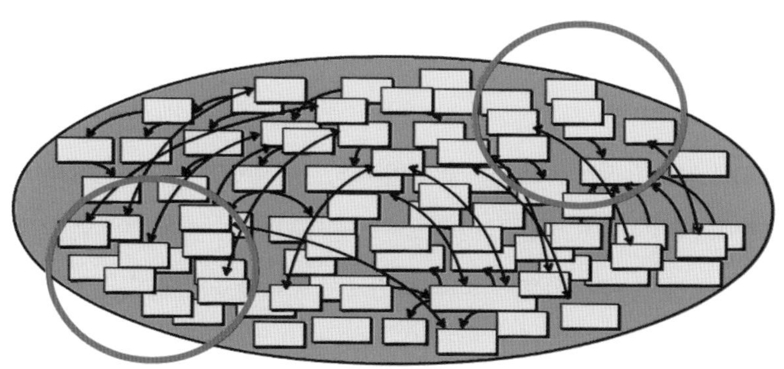

충분한 경고를 받지 못했다는 가정하에 만약, 여러분이 큰 **진흙 덩어리**를 만들고 있다면 어떤 일들이 벌어질까? (1) 부적절한 연결과 의존으로 인해 문제를 확산시키는 **애그리게잇**이 증가한다. (2) 큰 **진흙 덩어리**의 일부를 관리할 때는 "두더지 잡기"처럼 한 가지 문제가 해결돼도 또 다른 문제를 계속 야기시킬 수 있다. (3) 오직 전반적 지식과 모든 언어를 한 번에 다룰 수 있는 영웅 같은 사람이 있어야 시스템을 완전한 붕괴로부터 지킬 수 있다.

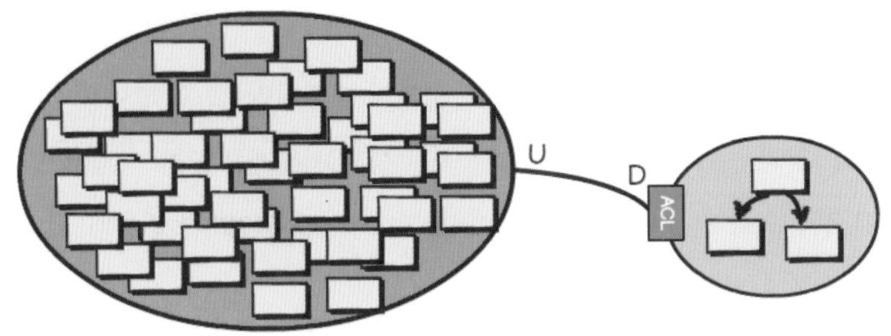

광활한 소프트웨어 시스템의 세계에는 이미 수많은 큰 **진흙 덩어리**가 있고, 틀림없이 그 수는 시간이 갈수록 늘어날 것이라는 문제가 있다. DDD 기술을 사용해서 큰 **진흙 덩어리**가 만들어지는 것을 피한다 해도 여전히 외부의 큰 진흙 덩어리들과 통합해야만 하는 상황이 있을 수 있다. 1개 이상의 큰 **진흙 덩어리**와 반드시 통합해야 한다면, 각 레거시 시스템에 대응한 **반부패 계층을** 만들어서 형편 없는 결과로부터 여러분의 모델을 보호해야 한다. 그렇게 하지 않으면 여러분의 모델은 이해할 수 없는 늪에 빠지게 될 것이다. 무슨 일이 있어도 그 언어를 섞어 쓰면 안 된다!

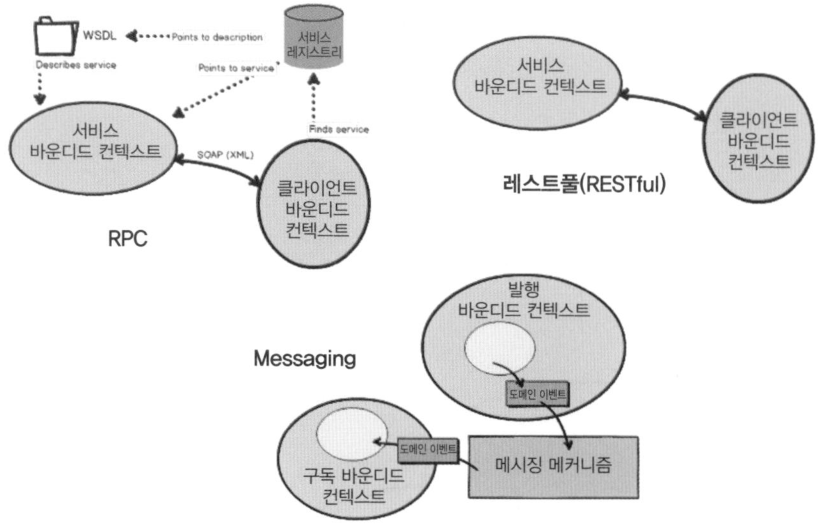

컨텍스트 매핑 활용하기

여러분에게 주어진 **바운디드 컨텍스트**와 통합할 때 어떤 종류의 인터페이스를 제공받을 수 있는지 궁금할 것이다. 이것은 해당 **바운디드 컨텍스트**를 소유한 팀에 달려 있는데, SOAP[Simple Object Access Protocol]을 이용한 RPC, 레스트풀 인터페이스와 리소스들 혹은 큐나 발행-구독(Publish-Subscribe) 모델을 사용하는 인터페이스 메시징일 수도 있다. 상황이 나쁜 경우, 데이터베이스나 파일 시스템의 통합을 강요받을 수도 있는데, 그런 일은 없기를 바란다. 데이터베이스 통합은 진짜 피해야 한다. 만일, 그래도 통합을 강요받는 상황이 된다면, 반드시 반부패 계층을 사용해서 여러분의 모델을 독립시켜야 한다.

좀 더 신뢰할 수 있는 세 가지 통합 형태에 대해 알아보자. 비교적 덜 견고한 방법에서 가장 견고한 통합 방법 순으로 설명하겠다. RPC, 레스트풀 HTTP 그리고 메시징 순으로 살펴보자.

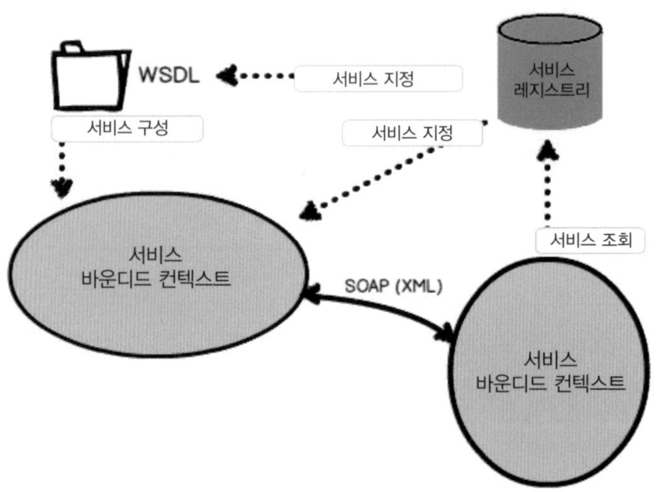

SOAP을 이용한 RPC

원격 프로시저 호출Remote Procedure Calls인 RPC는 다양한 방법으로 동작한다. RPC의 잘 알려진 사용법 중 하나는 SOAP을 이용하는 방법이다. SOAP을 이용한 RPC는 다른 시스템이 서비스를 사용할 때 마치 단순히 로컬 프로시저나 메서드를 호출하는 것처럼 사용한다는 개념이다. SOAP은 네트워크상에서의 요청, 원격 시스템에 요청 전달, 성공적 수행, 네트워크를 통한 결과 반환을 보장해야 한다. 하지만 이것은 첫 통합 수행 시점에 예기치 못한 네트워크 장애나 작게는 지연의 가능성을 동반할 수 있다. 게다가 SOAP을 이용한 RPC는 클라이언트

바운디드 컨텍스트와 서비스를 제공하는 **바운디드 컨텍스트** 사이의 강한 결합을 암시한다.

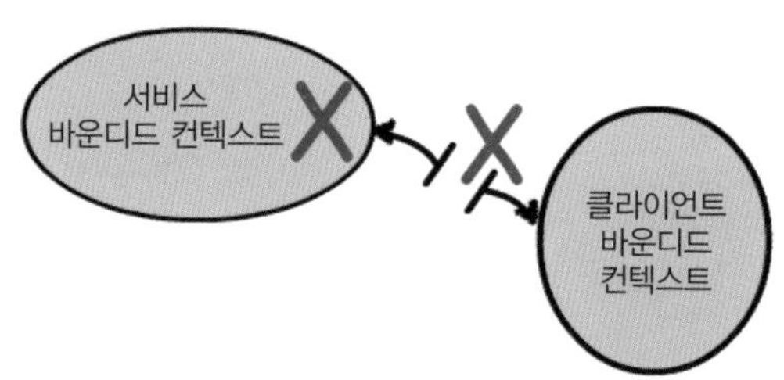

SOAP이나 다른 방식으로 RPC를 사용하는 것의 주된 문제는 견고함이 떨어질 수 있다는 점이다. 네트워크나 SOAP API를 호스팅하는 시스템에 문제가 생기면, 간단한 프로시저 호출은 에러 결과만 받은 채 완전히 실패할 것이다. 사용하기 쉬워 보인다고 해서 속으면 안 된다.

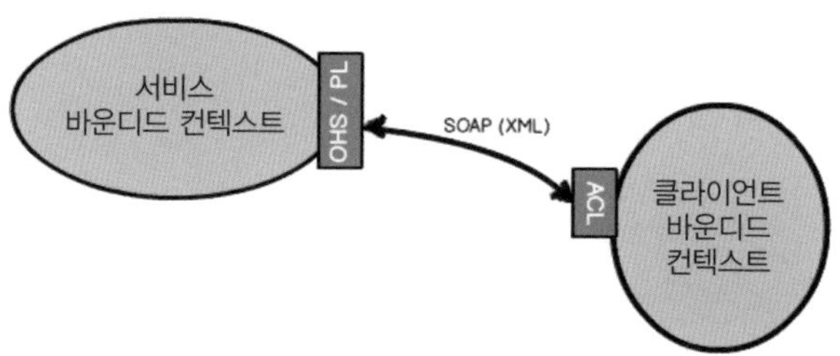

RPC가 제대로 동작하기만 한다면, 통합하기에 매우 좋은 방법일 수는 있다. 만일, 여러분이 서비스 **바운디드 컨텍스트** 설계에 영향을 줄 수 있다면, 거기에 **공표된 언어**로 **공개 호스트 서비스**를 제공하는 잘 설계된 API를 두고 싶어 할 것이다. 어쨌든, 외부의 잘 설계된 API가 있든 없든, 원치 않는 외부의 영향으로부터 여러분의 클라이언트 **바운디드 컨텍스트**를 분리할 필요가 있다면, **반부패 계층**을 정의하자.

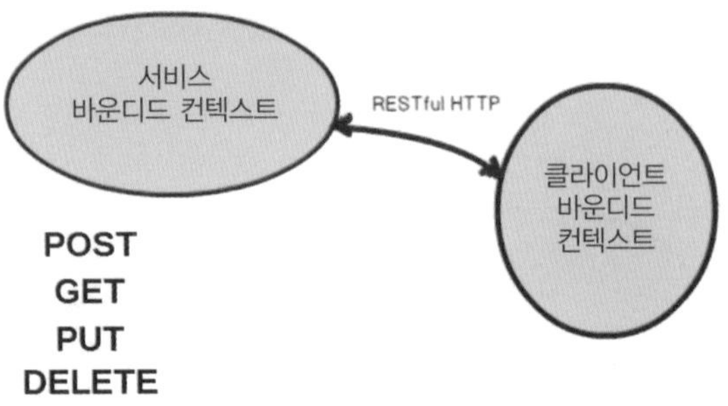

레스트풀 HTTP

레스트풀 HTTP를 사용한 통합은 **바운디드 컨텍스트** 간에 교환되는 리소스뿐만 아니라 POST, GET, PUT, DELETE 이렇게 네 가지 주요 오퍼레이션들이 관여된다. 통합에 REST 방식이 잘 동작한다는 것을 많은 사람들이 알고 있는데, 그것은 이 방식이 분산 컴퓨팅에 적합한 API들을 정의하는 데 도움을 주기 때문이다. 인터넷과 웹의 성공으로 인해 이런 주장은 좀 더 설득력을 갖게 됐다.

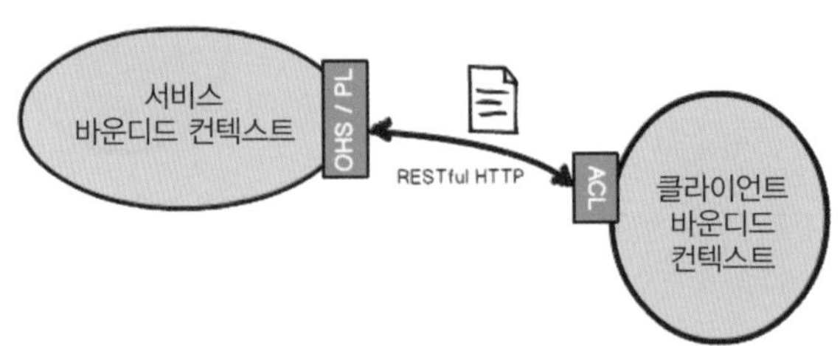

다만, 레스트풀 HTTP를 사용할 때 꼭 유념해야 할 개념이 있다. 이 책에는 자세한 내용이 없지만, REST를 적용하기 전에 반드시 살펴봐야 한다. 『REST in Practice[RiP]』는 유념해야 할 개념들을 살펴보는 데 좋은 출발점이다.

REST 인터페이스를 제공하는 **서비스 바운디드 컨텍스트**는 공개 호스트 서비스와 공표된 언어를 제공해야 한다. **공표된 언어**로 리소스를 정의하고 REST URI로 구성하면 온전한 **공개 호스트 서비스**를 구성할 수 있다.

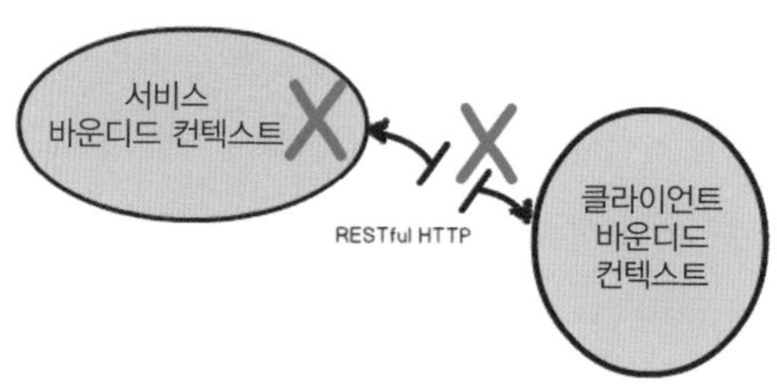

레스트풀 HTTP는 네트워크나 서비스 제공자의 장애 또는 예기치 않은 지연 등 RPC에서의 실패 원인과 동일한 사유로 실패할 수도 있다. 하지만 레스트풀 HTTP는 인터넷의 전제에 기반을 두고 있고, 여태까지 웹이 보여준 신뢰성, 확장성 그리고 지금까지의 성공에 대해 누가 흠 잡을 수 있는 상황은 아니다.

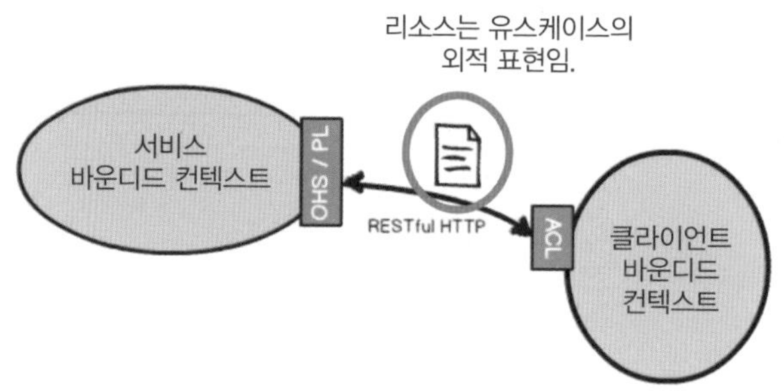

REST를 사용할 때 저지르는 흔한 실수는 도메인 모델 안에 직접적으로 애그리게잇을 반영하는 리소스를 설계하는 것이다. 이렇게 하면 모든 클라이언트에게 준수자 관계를 강요하면서 모델 변화가 리소스의 형태에 영향을 준다. 이렇게 되길 바라는 사람은 없다. 대신, 리소스가 클라이언트 주도의 유스케이스를 지원할 수 있도록 종합적으로 설계해야 한다. 여기서 종합적이라고 이야기한 것은 실제 있는 그대로의 도메인 모델이 아니라 클라이언트에게 제공하는 리소스가 그들이 원하는 것에 대한 구성과 형태를 갖도록 고려해야 한다는 의미다. 가끔 모델이 클라이언트가 원하는 것의 모습을 띠고 있을 때도 있다. 중요한 것은 클라이언트가 원하는 것은 모델의 지금 현재 구성이 아니라 리소스의 설계를 활용하는 것이다.

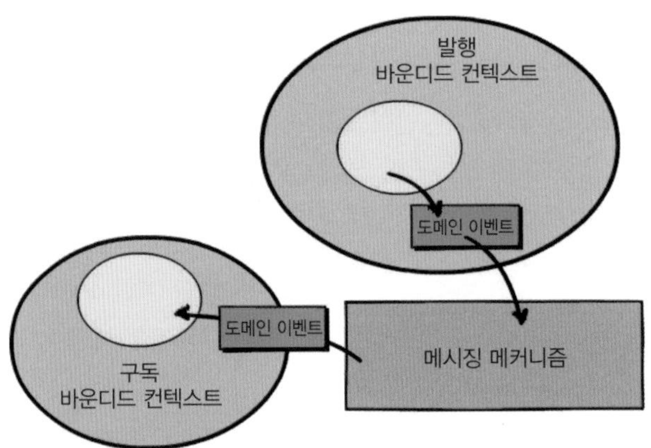

메시징

통합에 비동기 메시징을 사용하면 여러분의 **바운디드 컨텍스트** 또는 다른 **바운디드 컨텍스트**가 발행하는 도메인 이벤트를 구독하는 클라이언트 **바운디드 컨텍스트**가 많은 것을 할 수 있게 해준다. 메시징을 사용한 통합은 가장 견고한 형태 중 하나인데, 이는 RPC나 REST와 달리, 분절된 형태와의 일시적인 결합을 대부분 제거할 수 있기 때문이다. 많은 사람들이 메시지 교환에서의 지연 가능성을 이미 알고 있기 때문에 즉각적인 결과가 필수적이지 않을 때는 메시징을 이용해 좀 더 견고한 시스템을 구축하는 것도 좋은 선택이다.

REST를 사용해 비동기하기

점차 증가하는 리소스들에 대해 REST 기반으로 폴링(polling)하는 방식으로 비동기 메시징을 구현해 처리할 수도 있다. 클라이언트는 백그라운드 프로세싱을 사용함으로써 계속해서 증가하는 일련의 **도메인 이벤트**를 제공하는 아톰 피드(**Atom feed**) 리소스를 지속적으로 폴링할 수 있다. 서비스에서 계속 이벤트가 발생하는 상황이라면 서비스와 클라이언트 사이에 비동기 오퍼레이션을 유지하는 매우 안전한 방식이다. 만약, 서비스가 어떤 사유로 인해 이용이 불가능하게 되면 클라이언트는 특정한 주기로 재시도하거나 리소스를 다시 이용할 수 있는 상황이 될 때 재시도할 수 있다.

이 방식은 『도메인 주도 설계 구현[IDDD]』에서 자세히 설명하고 있다.

열차 충돌을 막아라

클라이언트 **바운디드 컨텍스트**(C1)를 서비스 **바운디드 컨텍스트**(S1)와 통합할 때 요청 처리 결과를 바로 사용하는 동기화 방식이 아닌, C1에서 S1으로의 요청을 비동기적으로 처리할 필요가 있다. C1과 S1의 사이를 동기적으로 처리하면, 다른 클라이언트(C0)가 C1으로 요청한 것이 막혔을 때, 열차가 충돌하듯 C0, C1 그리고 S1까지의 모든 요청이 막혀질 수도 있다. 비동기 메시징 방식을 통해 C0와 C1 그리고 S1 사이에 일어날 수 있는 열차 사고 발생을 막을 수 있다.

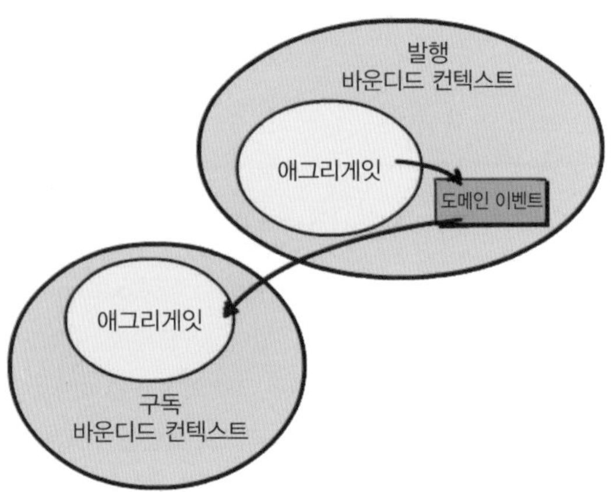

일반적으로 **바운디드 컨텍스트** 내의 **애그리게잇**은 **도메인 이벤트**를 만들 때 관심 있는 다른 컨텍스트들은 발생된 이벤트를 사용한다. 즉, 구독 **바운디드 컨텍스트**가 **도메인 이벤트**를 받으면, 이벤트의 형태와 값을 토대로 동작을 수행한다. 이때 소비하는 **바운디드 컨텍스트** 안에 새로운 **애그리게잇**을 생성하거나 기존 **애그리게잇을** 수정해야 할 때가 있다.

도메인 이벤트 소비자는 준수자인가?

어떻게 하면 다른 바운디드 컨텍스트가 도메인 이벤트를 소비할 수 있게 해주고, 이를 소비하는 바운디드 컨텍스트에게 준수자 관계를 강요하지 않을 수 있는지 궁금할 수도 있을 것이다. 『도메인 주도 설계 구현[IDDD]』 13장 "바운디드 컨텍스트 통합"에서 언급했듯이, 소비자들은 이벤트 발행자의 이벤트 형태(예를 들어, 클래스)를 사용하면 안 된다. 오직 이벤트의 스키마, 즉 공표된 언어에만 의존해야 한다. 만약, 이벤트가 JSON 또는 좀 더 간결한 오브젝트 포맷으로 발행되면, 소비자는 그들을 파싱해서 데이터 속성들을 얻은 후 이벤트를 처리해야 한다.

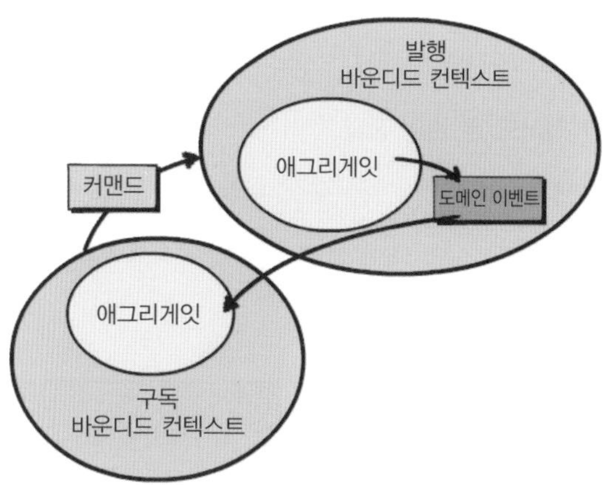

물론, 앞서 말한 것은 구독 **바운디드 컨텍스트**의 요청 없이 발행 **바운디드 컨텍스트**에서 발생하는 일도 모두 구독 바운디드 컨텍스트에게 이득이 된다는 가정이다. 그러나 가끔은 클라이언트 **바운디드 컨텍스트**가 서비스 바운디드 컨텍스트에게 특정한 수행을 하도록 커맨드 메시지를 보낼 필요가 있는데, 이 경우에도 여전히 클라이언트 **바운디드 컨텍스**는 발행된 **도메인 이벤트**의 형태로 결과를 받는다.

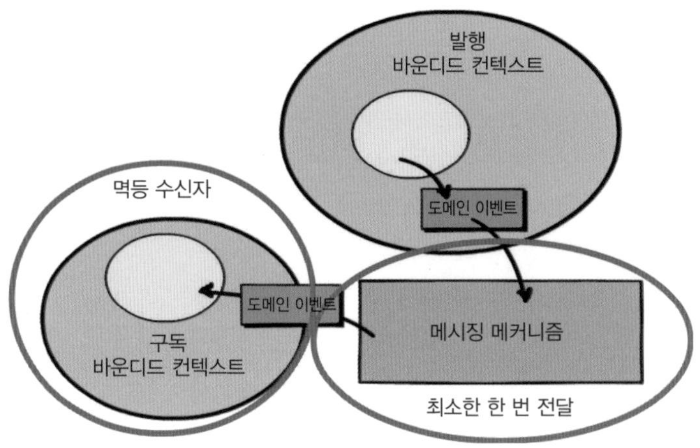

통합에 메시징을 사용하는 모든 경우, 전체 솔루션의 품질은 사용한 메시징 메커니즘의 품질에 크게 좌우된다. 메시징 메커니즘은 [Reactive] 책에 설명한 **적어도 한 번의 전달** At-least-once delivery을 통해 모든 메시지의 수신을 보장해야 한다. 이는 구독 바운디드 컨텍스트가 **멱등**[1] **수신자** Idempotent Receiver로 구현돼야 함을 의미한다.

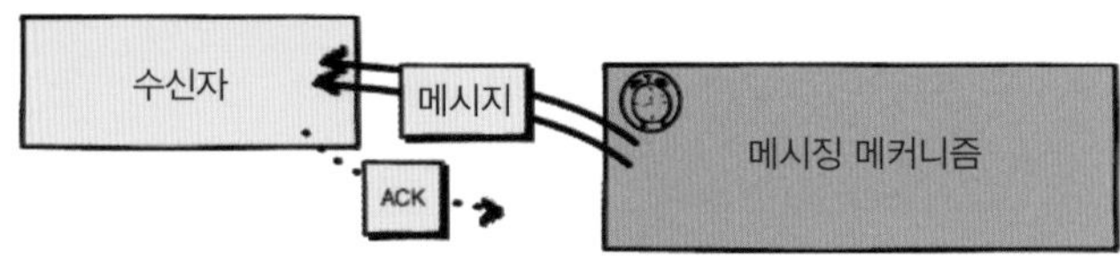

1 멱등법칙(冪等法則) 또는 멱등성(冪等性, 영어: idempotence)은 수학이나 전산학에서 연산의 한 성질을 나타내는 것으로, 연산을 여러 번 적용해도 결과가 달라지지 않는 성질을 의미한다. 예를 들어, 절댓값 함수는 멱등 법칙을 만족한다. abs(abs(x)) ≡ abs(x).–옮긴이

적어도 한 번의 전달[Reactive]은 메시징 메커니즘이 특정 메시지를 주기적으로 재전달하는 메시징 패턴이다. 이것은 메시지 손실, 느린 반응, 수신자 장애, 수신자가 수신 사실을 알리는 데 실패하는 상황에서도 적용된다. 이 메시징 메커니즘 설계로 인해, 발송자가 단 한 번 메시지를 전달했더라도 메시지는 여러 번 전달될 수 있다. 수신자가 이런 상황을 바탕으로 설계했더라도 문제될 것은 없다.

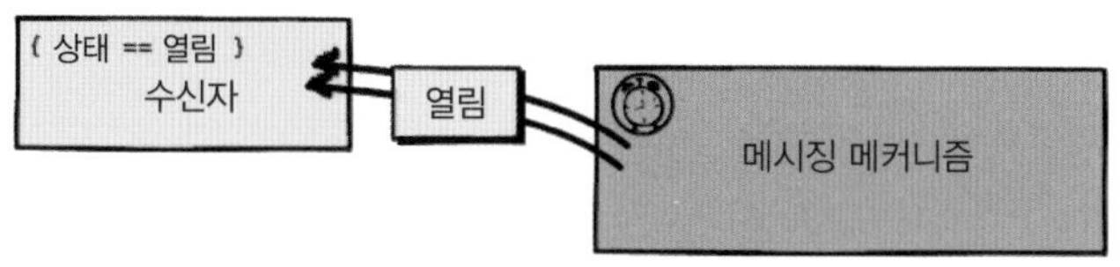

메시지가 한 번 이상 전달되면 수신자는 언제든지 이 상황을 제대로 처리할 수 있도록 설계해야 한다. **멱등 수신자**[Reactive]는 수신자가 오퍼레이션을 수행하는 방식을 나타내는데, 오퍼레이션이 여러 번 수행되더라도 동일한 결과가 되도록 만드는 방식이다. 이렇게 해서 같은 메시지가 여러 번 수신되더라도 수신자는 이를 안전하게 처리할 수 있다. 이것은 수신자가 중복 제거 사용, 반복 메시지 무시 또는 이전에 전달된 메시지의 결과와 정확히 동일한 결과가 되도록 오퍼레이션 재수행을 안전하게 처리한다는 것을 의미한다.

메시징 메커니즘이 항상 비동기 **요청-응답**[Reactive] 통신을 사용하기 때문에 어느 정도의 지연은 일반적이고 당연하다. 서비스가 종료되기 전에는 서비스에 대한 요청이 절대 (거의) 막힐 일이 없기 때문에 어느 정도의 지연 발생을 감내할 수만 있다면, 메시징으로 설계하는 것은 전체 솔루션을 처음부터 매우 견고하게 만들 수 있다는 것을 의미한다.

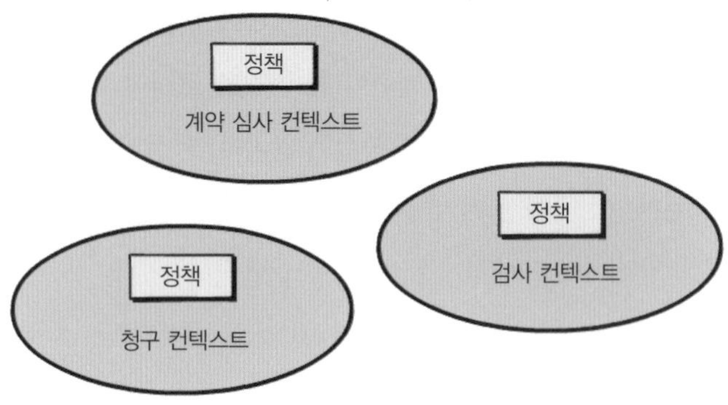

컨텍스트 매핑 사례

2장 '바운디드 컨텍스트 및 보편언어와 전략적 설계'에서 살펴봤던 사례로 되돌아가서, 공식 정책 형태의 위치에 대해 의문을 제기해보자. 서로 다른 3개의 바운디드 컨텍스트 안에 각 1개씩 총 3개의 정책이 있었던 것을 떠올려보자. 자, 보험 회사에서 "기록 정책"은 어디에 존재해야 하는가? 기록이 시작되는 곳인 계약 심사 부서에 둘 수도 있다. 이 사례를 설명하기 위해 "기록 정책"이 계약 심사 부서에 속한다고 가정해보자. 그러면 다른 **바운디드 컨텍스트**들은 그것을 어떻게 참고해야 할까?

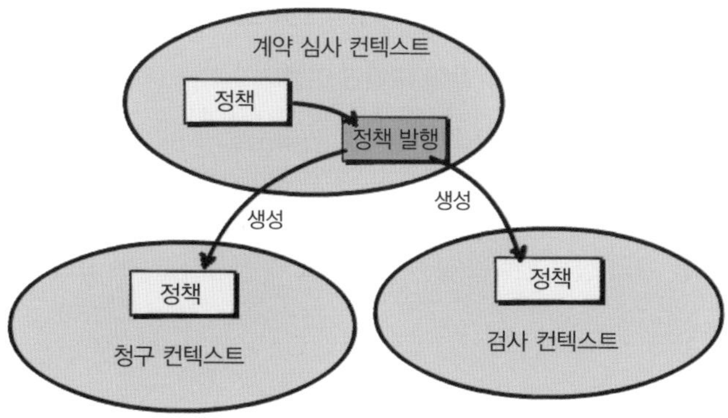

계약 심사 컨텍스트에서 정책[Policy] 컴포넌트가 만들어지면, 정책 발행[PolicyIssued]이라는 이름의 **도메인 이벤트**를 발생시킬 수 있다. 메시징 구독을 통해 이를 제공받은 다른 바운디드 컨텍스트들이 이 **도메인 이벤트**에 반응할 때, 구독 **바운디드 컨텍스트** 안에 이 정책에 상응하는 정책 컴포넌트를 만들 수도 있다.

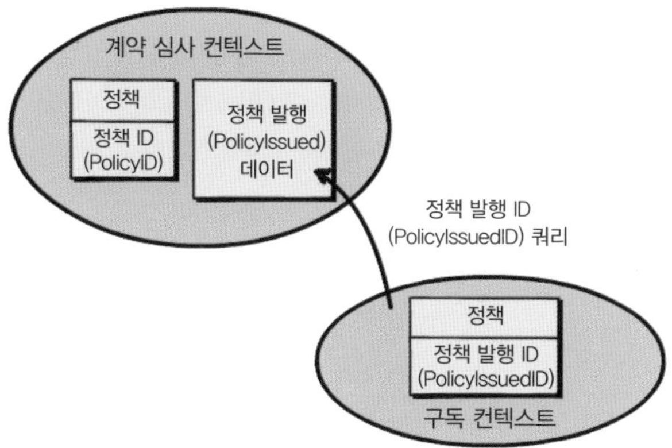

정책 발행 **도메인 이벤트**는 공식적으로 정책의 식별성을 담고 있는데, 정책 ID를 통해 정책들을 식별한다. 구독 **바운디드 컨텍스트**에 생성된

모든 컴포넌트는 발신 주체인 **계약 심사 컨텍스트**로의 역추적을 위해 그 식별자를 보유한다. 정책 발행 **도메인 이벤트**가 제공하는 것 이상의 정책 데이터가 필요하면, 구독 **바운디드 컨텍스트**는 언제든지 계약 심사 컨텍스트로부터 더 많은 정보를 가져올 수 있다. 여기서 구독 **바운디드 컨텍스트**는 **계약 심사 컨텍스트**에서 쿼리를 수행하기 위해 정책 발행 ID를 사용한다.

모두 담는 것과 다시 쿼리하는 것 사이의 장단점

때때로 모든 소비자를 만족시키기 위해 도메인 이벤트에 충분한 데이터를 모두 담아야 이점을 얻을 수 있을 때가 있다. 반면, **도메인 이벤트**를 가볍게 유지하고 소비자가 더 많은 데이터를 요청할 때 다시 가져오는 것이 더 이로울 때도 있다. 모두 담는 것을 선택하면 소비자들에게 큰 자율성을 허용할 수 있는데, 자율성이 핵심 요구사항이라면 이 방법을 선택하는 것이 좋다.

한편, 모든 소비자가 **도메인 이벤트**에 요구할 모든 데이터를 예측하는 것이 너무 어렵고, 모든 것을 제공하려면 너무 많은 것을 담아야 할 수도 있다. 예를 들어, 엄청나게 풍부한 **도메인 이벤트**를 제공하기 위해 보안적인 측면이 부실해질지도 모른다. 이 경우에 가벼운 **도메인 이벤트**와 소비자들이 높은 보안 수준에서 요청할 수 있는 풍부한 쿼리 모델을 설계하는 것이 더 적합한 선택일 수도 있다.

물론, 이 두 가지 방식을 혼합해야 하는 상황도 가끔 있을 것이다.

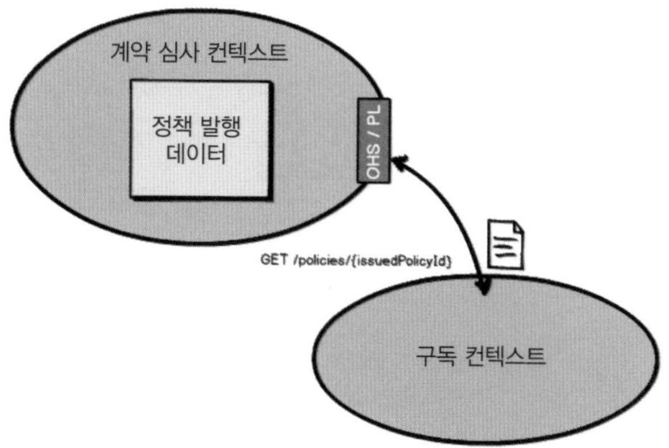

계약 심사 컨텍스트에서 재쿼리를 어떻게 수행할까? 여러분은 **계약 심사 컨텍스트**에 레스트풀 **공개 호스트 서비스**와 **공표된 언어**를 설계할 수 있다. 간단한 HTTP GET와 정책 발행 ID로 정책 발행 데이터를 검색할 수 있다.

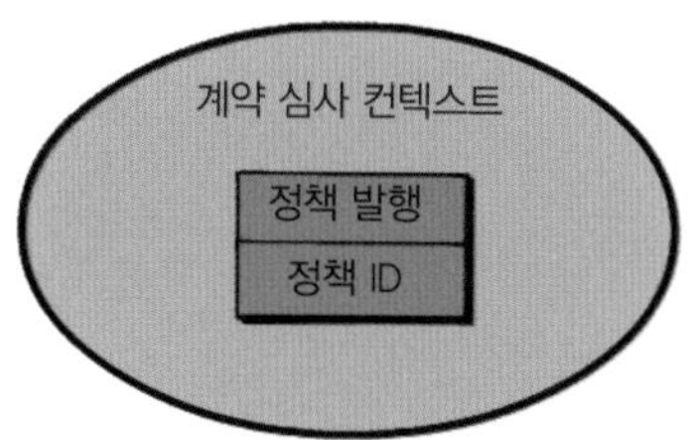

아마도 정책 발행 **도메인 이벤트**의 세부 데이터에 대해 궁금해할 수도 있다. 이에 대해서는 **6장 '도메인 이벤트와 전술적 설계'**의 도메인 이벤트 설계에서 설명한다.

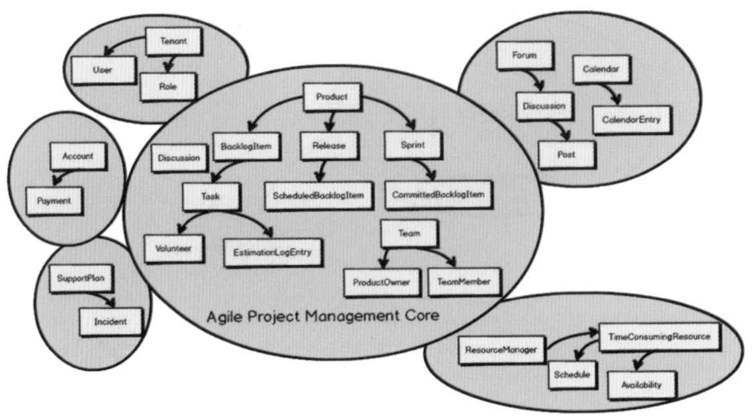

애자일 프로젝트 관리 컨텍스트 사례에 어떤 일이 생길지 궁금한가? 이제, 사례를 통해 DDD를 살펴보기 위해 선택했던, 보험 비즈니스 도메인에서 벗어나 보려고 한다. 보험 사례가 DDD에 대해 더 잘 이해할 수 있도록 충분한 도움을 주었을 것이다. 애자일 프로젝트 관리에 대해 걱정할 필요는 없다. 다음 장에서 애자일 프로젝트 관리 컨텍스트로 돌아갈 것이다.

요약

여러분이 배운 것에 대해 요약하면 아래와 같다.

- **파트너십, 고객–공급자, 반부패 계층** 등 다양한 컨텍스트 **매핑**의 종류
- RPC, 레스트풀 HTTP, 메시징을 사용한 **컨텍스트 매핑** 통합 방법

- 메시징을 사용한 **도메인 이벤트** 동작
- **컨텍스트 매핑**을 구축하는 기초적인 경험

컨텍스트 맵에 대한 더 자세한 내용은 『**도메인 주도 설계 구현[IDDD]**』 3장에서 확인할 수 있다.

Chapter

5

애그리게잇과 전술적 설계

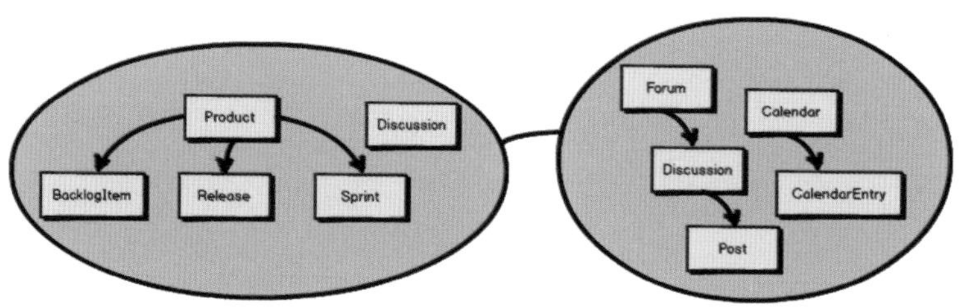

지금까지 **바운디드 컨텍스트**, **서브도메인** 그리고 **컨텍스트 맵**을 통해 전략적 설계에 대해 알아봤다. 여기 2개의 바운디드 컨텍스트가 있다. 하나는 **애자일 프로젝트 관리 컨텍스트**라는 이름의 **핵심 도메인**이고, 다른 하나는 **컨텍스트 매핑** 통합 기반의 협업 도구를 제공하는 **지원 서브도메인**이다.

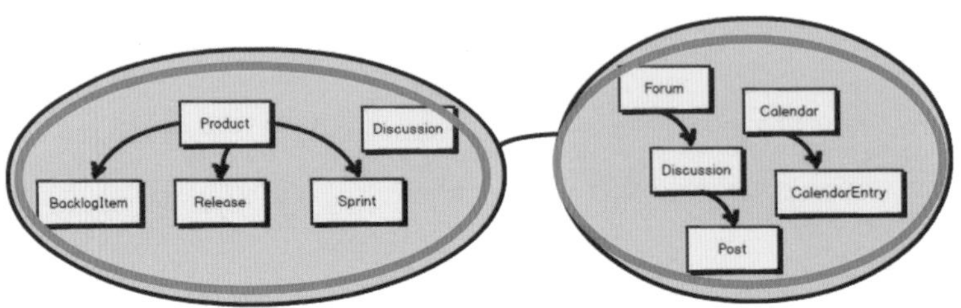

바운디드 컨텍스트 안에 자리잡은 개념들에 대해 간단하게만 살펴봤는데, 지금부터는 좀 더 자세하게 다뤄보고자 한다. 이 개념들은 모델 안에 존재하는 **애그리게잇**들이다.

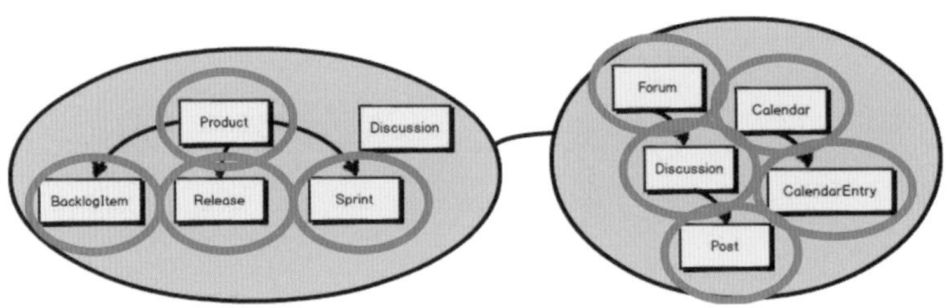

왜 필요할까?

두 **바운디드 컨텍스트** 안에 동그라미 쳐진 개념들 각각은 **애그리게잇**이다. 동그라미를 치지 않은 개념인 Discussion은 **값 객체**Value Object

로 모델링한 것이다. 이번 장에서는 **애그리게잇**에 초점을 맞출 것이기 때문에 Product[1](제품), BacklogItem(백로그 아이템), Release(릴리스) 그리고 Sprint(스프린트)를 모델링하는 방법에 대해 좀 더 자세히 알아보겠다.

엔터티는 무엇인가?

엔터티는 독립적인 것이다. 각 **엔터티**는 같은 형태를 띠거나 다른 형태의 **엔터티**들과의 특성을 구별할 수 있는 고유한 식별성을 갖는다. **엔터티**는 변할 수 있는 것이며, 여러 번, 아니 항상 그 상태는 계속해서 변할 수 있다. 하지만 **엔터티**가 꼭 변하는 것만은 아니고, 변하지 않을 수도 있다. 다른 모델링 수단들과 **엔터티**를 구분해주는 주 요인은 유일성, 즉 그것의 독립성에 있다.

엔터티에 대한 좀 더 자세한 내용은 **『도메인 주도 설계 구현[IDDD]』**에서 확인할 수 있다.

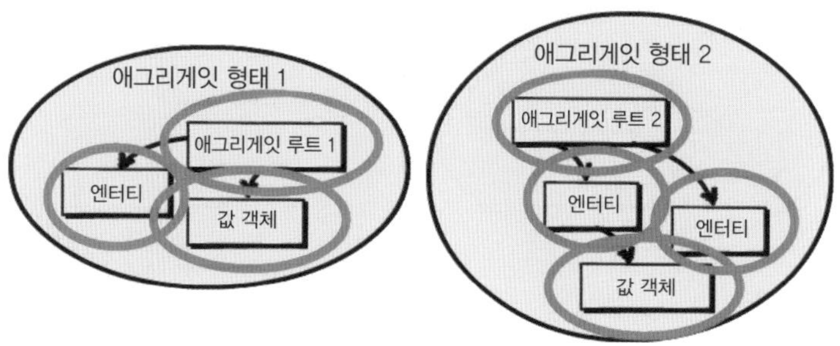

1 Product(제품)의 경우, Product는 모델 이름이자, 향후 소스 코드에서 사용될 중요한 이름이다. 따라서 영문으로 표기하고, 해석은 처음 나올 때 또는 구체적인 의미 전달이 필요할 때만 표기하고, 계속 반복되는 경우에는 문체를 간결하게 만들기 위해 영문만을 표기했다.–옮긴이

애그리게잇은 무엇인가? 여기에 2개의 **애그리게잇**이 있다. 각 **애그리게잇**은 1개 이상의 **엔터티로** 구성되고, 그중 한 엔터티는 **애그리게잇 루트**라고 부른다. 애그리게잇은 그 구성에 **값 객체**를 포함할 수 있다. 여기서는 **애그리게잇** 모두 **값 객체**를 포함하고 있다.

값 객체는 무엇인가?

값 객체 또는 간단히 말해 값은 불변의 개념적 완전성을 모델링한다. 모델에서 **값**은 그야말로 값이다. **엔터티**와 달리 고유한 식별성이 없으며, 값 형태로 캡슐화된 속성을 비교함으로써 동일함이 결정된다. 그뿐만 아니라 **값 객체**가 어떤 것을 나타낸다기보다는 **엔터티**를 서술하고, 수량화하거나 측정하는 데 사용된다. 『**도메인 주도 설계 구현[IDDD]**』에서 값 객체에 대한 자세한 내용을 다루고 있다.

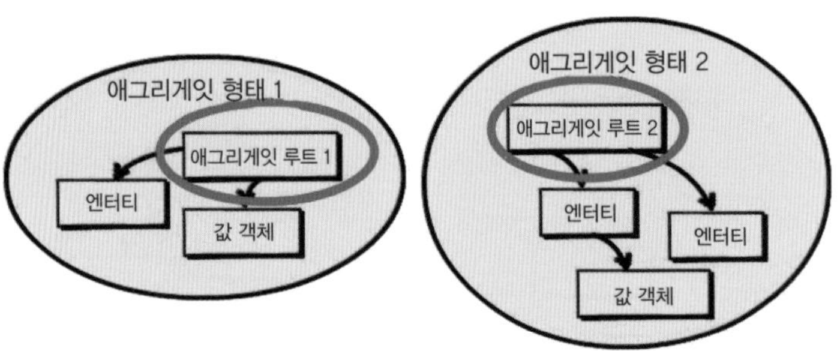

각 **애그리게잇**의 **루트 엔터티**는 **애그리게잇** 안의 다른 모든 요소를 소유한다. **루트 엔터티**의 명칭은 **애그리게잇**의 개념적 명칭이다. **애그리게잇**이 모델링하는 개념적 완전성을 적절하게 표현할 수 있는 명칭으로 루트 엔터티 명칭을 정의해야 한다.

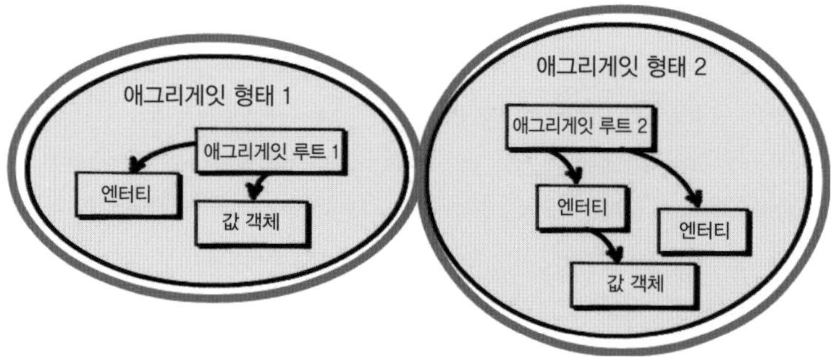

각 **애그리게잇**은 일관성 있는 트랜잭션 경계를 형성한다. 이것은 트랜잭션 제어가 데이터베이스에 커밋될 때, 한 애그리게잇 내의 모든 구성 요소는 반드시 비즈니스 규칙을 따르면서 일관성 있게 처리된다는 것을 의미한다. 다만, **애그리게잇** 내에 트랜잭션 이후 일관성이 지켜질 필요가 없는 다른 요소를 포함해서는 안 된다는 뜻은 아니다. 애그리게잇은 개념적으로 완전하게 모델링해야 하기 때문이다. 하지만 다른 무엇보다도 트랜잭션의 일관성에 신경을 써야 하는 것은 분명하다. "애그리게잇 타입 1(Aggregation Type 1)"과 "애그리게잇 타입 2(Aggregation Type 2)"의 주변에 그려진 외부 경계는 각 객체들 전체에 대한 데이터 처리 원칙을 유지하면서 제어하는 트랜잭션으로 분리돼 있음을 나타낸다.

넓은 의미의 트랜잭션

애플리케이션에 대한 트랜잭션 사용은 어느 정도 구현에 관한 세부 사항이다. 예를 들어, 도메인 모델에 일관성 있는 데이터베이스 트랜잭션을 제어하는 애플리케이션 서비스[IDDD]는 비교적 일반적인 기능이다. 하지만 액터 모델[Reactive]과 같은 다른 아키텍처 활용 사례에서는 각 애그리게잇을 액터로 구현하고, 트랜잭션은 데이터베이스에 대한 원자적(Atomic) 트랜잭션을 지원하지 않는 **이벤트 소싱**(6장 참고)을 사용한다. 어느 쪽이든, "트랜잭션"이란 **애그리게잇**에 대한 변경을 독립시키고, 소프트웨어가 언제나 충실히 준수해야 하는 규칙인 비즈니스 불변성을 각 비즈니스 오퍼레이션에 맞게 일관성을 보장하는 방법이다. 이 요구사항을 원자적 데이터베이스 트랜잭션으로 처리하거나 다른 방법으로 처리하는 것과는 상관없이, **애그리게잇**의 상태나 이벤트 소싱은 항상 안전하고 정확하게 트랜잭션으로 처리하고 관리해야 한다.

트랜잭션 경계를 두는 이유는 비즈니스 때문인데, 애그리게잇이 유효한 상태인지, 아닌지를 결정하는 것은 비즈니스와 관련돼 있는 일이기 때문이다. 다시 말해, **애그리게잇**이 완전하고 유효한 상태로 저장되지 않는다면, 수행된 비즈니스 오퍼레이션은 비즈니스 규칙에 어긋난 것으로 간주해야 할 것이다.

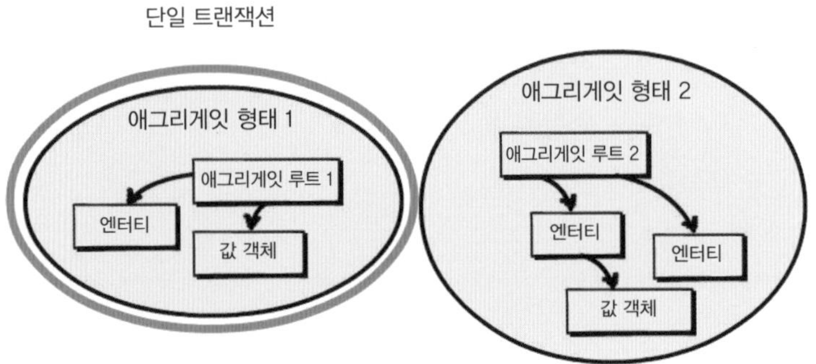

이를 조금 다른 방식으로 생각해보자. 2개의 **애그리게잇**이 정의돼 있는데, 둘 중 하나만 단일 트랜잭션으로 커밋돼야 한다. 즉, 하나의 트랜잭션에는 오직 1개의 **애그리게잇**만을 수정하고 커밋한다는 것이 **애그리게잇** 설계 규칙이라고 가정하자. 위 그림에서 하나의 트랜잭션 안에 "애그리게잇 형태 1"만 존재하는 이유다. 다른 **애그리게잇** 설계 규칙에 대해서도 살펴보자.

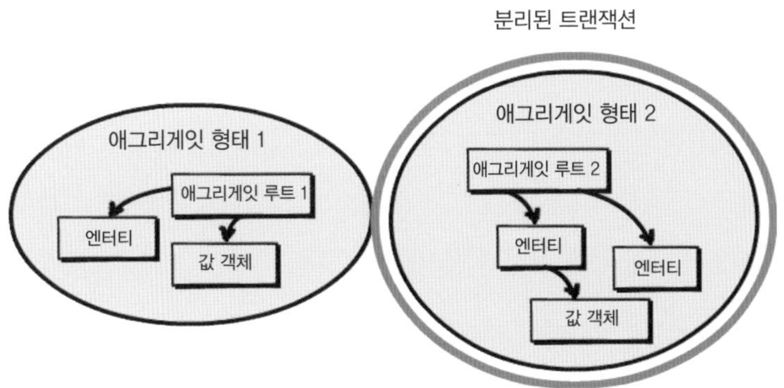

또 다른 **애그리게잇**은 별도 분리된 트랜잭션으로 수정, 커밋된다. 이런 이유로 **애그리게잇**을 트랜잭션의 일관성을 만드는 경계라고 부르며, 트랜잭션의 일관성과 성공을 보장하도록 **애그리게잇** 구성 요소들을 설계해야 한다. 따라서 예시로 제시한 "애그리게잇 형태 2" 인스턴스는 "애그리게잇 형태 1" 인스턴스로부터 분리된 트랜잭션으로 제어돼야 한다.

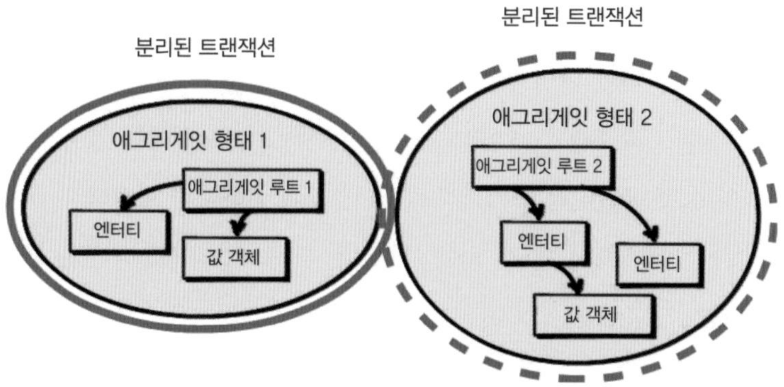

이 두 **애그리게잇**의 인스턴스는 분리된 트랜잭션으로 설계된다. 그렇다면, "애그리게잇 형태 1" 인스턴스의 변경이 반드시 이루어진 후, 이를 기반으로 "애그리게잇 형태 2" 인스턴스를 개선하도록 할 수 있을까? 이 질문에 대한 답은 잠시 후에 언급하겠다.

이번 섹션에서 기억해야 하는 요점은 비즈니스 규칙은 단일 트랜잭션을 마쳤을 때, 어떤 것이 전체적으로 완전하게 그리고 일관성 있게 처리돼야 하는지를 결정하는 근거라는 것이다.

애그리게잇 경험 법칙

아래 **애그리게잇** 설계의 네 가지 기본 규칙을 살펴보자.

1. **애그리게잇** 경계 내에서 비즈니스 불변사항들을 보호하라.
2. 작은 **애그리게잇**을 설계하라.
3. 오직 ID를 통해 다른 **애그리게잇**을 참고하라.

4. 결과적 일관성을 사용해 다른 **애그리게잇**을 갱신하라.

물론, DDD의 감독관이 있어, 이 규칙들을 반드시 엄격하게 지키라고 강요하는 것은 아니다. 다만, DDD를 신중하게 적용할 때, 효과적으로 동작하는 **애그리게잇**을 설계할 수 있도록 도움을 주는 가이드로 받아들이자. 이 규칙들을 적용하고자 할 때, 각 규칙들이 어떻게 적용돼야 하는지 좀 더 자세히 알아보겠다.

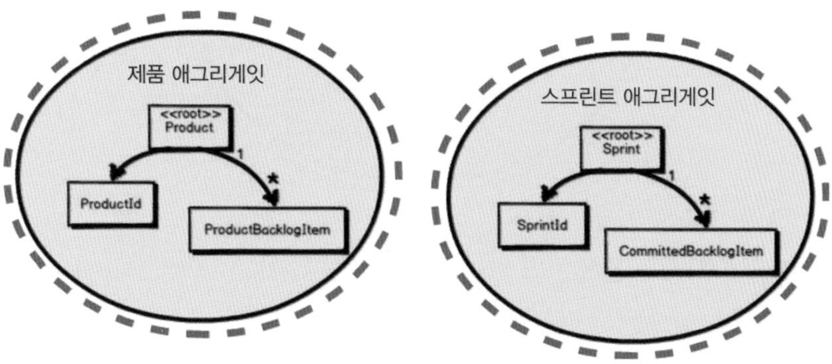

규칙 1: 애그리게잇 경계 내의 비즈니스 불변사항을 보호하라[2]

결과적으로 규칙 1은 트랜잭션이 커밋될 때 비즈니스의 일관성이 지켜지는 것에 기반을 두고 애그리게잇 구성 요소를 결정해야 한다는 의미다. 위에 제시한 사례에서, `Product`는 트랜잭션의 끝에 `Product BacklogItem` 인스턴스로 구성되는 모든 것이 반드시 `Product`의 루

2 두 애그리게잇 내부는 소스 코드에 준해서 번역하지 않고, 영어 원문을 그대로 사용했다. 본문도 해당 용어들을 영어로만 표기했다.–옮긴이

트와 일관되게 처리되도록 설계한다. 또한 Sprint는 트랜잭션의 끝에 CommittedBacklogItem 인스턴스로 구성되는 모든 것이 반드시 Sprint 루트와 일관되게 처리되도록 설계한다.

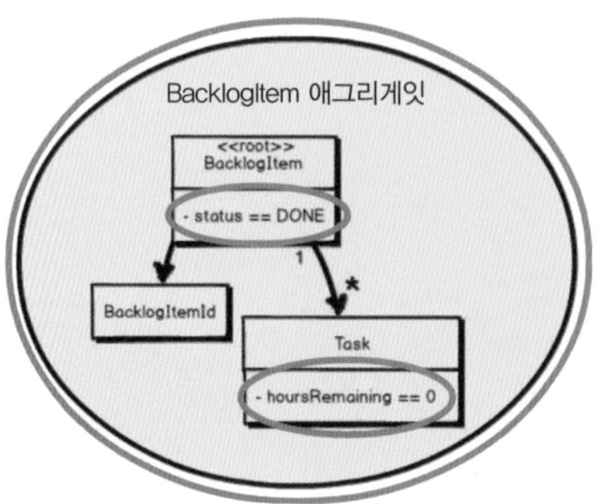

또 다른 사례를 통해 규칙 1을 좀 더 명확하게 해보자. 여기 백로그 아이템 **애그리게잇**이 있다. 그리고 "모든 Task(작업) 인스턴스의 hours Remaining(남은 시간)이 0일 때, BacklogItem의 status(상태)는 반드시 DONE(완료)으로 설정해야 한다"라는 비즈니스 규칙이 있다. 이는 트랜잭션 후 반드시 부합돼야 하는 매우 명확한 비즈니스 불변사항이다. 이는 비즈니스 요청사항이다.

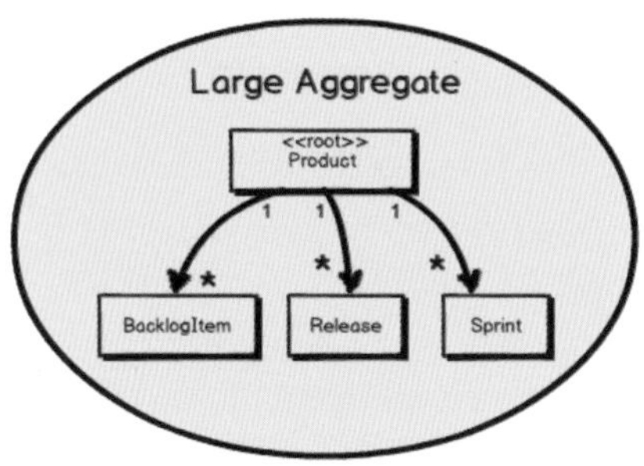

규칙 2: 작은 애그리게잇을 설계하라

이 규칙은 각 **애그리게잇**의 메모리 사용량과 트랜잭션 범위가 비교적 작아야 함을 강조한다. 위 다이어그램에 표현된 **애그리게잇**은 작지 않다. 여기서 `Product`는 문자 그대로 `BacklogItem` 인스턴스들 그리고 `Sprint`의 가능한 가장 큰 모음을 담고 있다. 이런 모음들은 시간이 지나면서 1,000여 개의 `BacklogItem` 인스턴스와 약 100여 개의 `Release`, `Sprint` 인스턴스로 엄청나게 크게 불어날 수 있다. 일반적으로 이런 설계 방식은 매우 나쁜 선택이다.

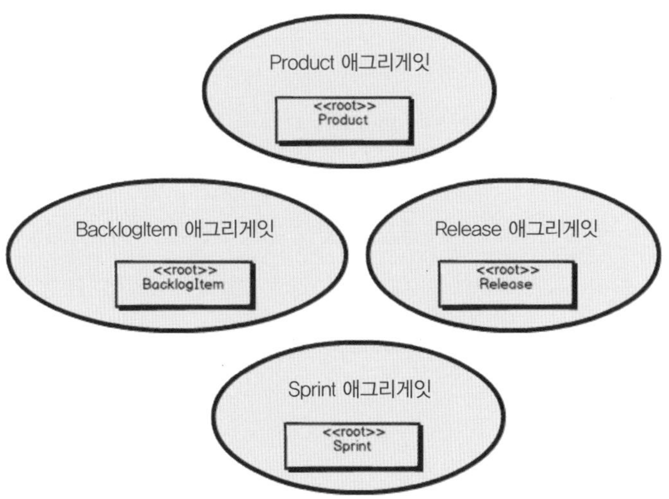

하지만 `Product` **애그리게잇**을 4개의 **애그리게잇**으로 구성하기 위해 분해하면, 작은 Product **애그리게잇**, 작은 `BacklogItem` **애그리게잇**, 작은 `Release` **애그리게잇** 그리고 작은 `Sprint` **애그리게잇**을 얻을 수 있다. 이들은 빠르게 로드되고, 더 작은 메모리를 차지하며, 가비지 컬렉션

렉션도 더 빠르다. 하지만 가장 중요한 것은 이 **애그리게잇**들은 이전의 큰 클러스터의 Product **애그리게잇**보다 훨씬 더 자주, 성공적인 트랜잭션을 수행할 것이라는 점이다.

이 규칙을 따르면, 연관된 각 작업이 한 명의 개발자가 관리할 수 있을 만큼 작기 때문에 각 **애그리게잇**이 좀 더 쉬워지는 부가적인 이득을 얻을 수 있으며, 테스트 또한 보다 더 쉬워질 것이다.

애그리게잇을 설계할 때 깊이 새겨둬야 할 또 다른 사항은 SRP Single Responsibility Principle라는 단일 책임의 원칙이다. 만일, **애그리게잇**이 너무 많은 일을 한다면, 이는 SRP를 따르지 않는 것이고, 이후 애그리게잇의 크기에 대해 재논의할 가능성이 크다. 예를 들어, 스스로에게 질문해보자. 만들고자 하는 Product가 스크럼 제품에 주안점을 두고 있는지, 아니면 다른 것도 함께 추구하는 것인지…. Product를 변경하는 이유가 더 나은 스크럼 제품을 만들기 위해서일까, 아니면 백로그 아이템, 릴리스, 스프린트를 관리하기 위해서일까? 여기에서는 더 나은 스크럼 제품을 만들기 위해 Product를 바꿔야 한다는 목적에 초점을 둬야 한다.

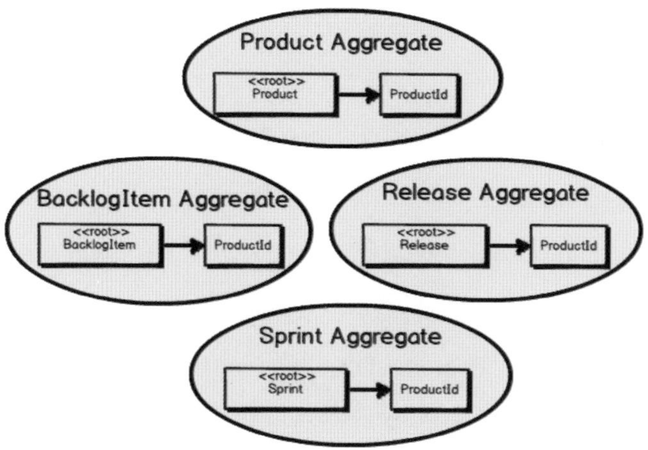

규칙 3: 오직 식별자로만 다른 애그리게잇을 참고하라

앞에서 큰 클러스터 Product를 4개의 작은 **애그리게잇**으로 분해했는데, 이제 이 각각의 **애그리게잇**들은 필요한 다른 애그리게잇들을 어떻게 참고해야 할까? 여기서 규칙 3 "오직 식별자로만 다른 애그리게잇을 참고하라"를 따른다. 이 사례에서 BacklogItem, Release 그리고 Sprint 모두가 ProductID를 유지함으로써 Product를 참고하는 것을 확인할 수 있다. 이것은 **애그리게잇**을 작게 유지하고, 동일한 트랜잭션 내에 여러 **애그리게잇**을 수정하려는 접근을 방지해준다.

이 규칙은 더 적은 메모리 요구와 리파지토리로부터의 빠른 로딩을 통해 **애그리게잇** 설계를 작고 효율적으로 유지할 수 있게 해준다. 또한 동일한 트랜잭션 내에 다른 **애그리게잇**을 수정하지 않는 규칙이 잘 지켜지도록 해준다. 오직 **애그리게잇**의 식별자를 통해서만 접근이 가능하고, 그 외의 방법으로 다른 애그리게잇 내의 객체 레퍼런스를 얻어낼 수 있는 방법은 없다.

식별자만을 통해 레퍼런스를 얻는 규칙의 또 다른 이점은 **애그리게잇**을 관계형 데이터베이스, 문서 데이터베이스, 키/밸류key/value 리파지토리 그리고 데이터 그리드/패브릭grids/fabrics과 같은 다른 형태의 저장 메커니즘으로도 쉽게 저장할 수 있다는 것이다. 이는 MySQL 관계형 테이블, PostgreSQL이나 MongoDB, GemFire/Geode, Coherence 그리고 GigaSpaces와 같은 JSON 기반의 리파지토리 사용을 선택적으로 결정할 수 있다는 것을 의미한다.

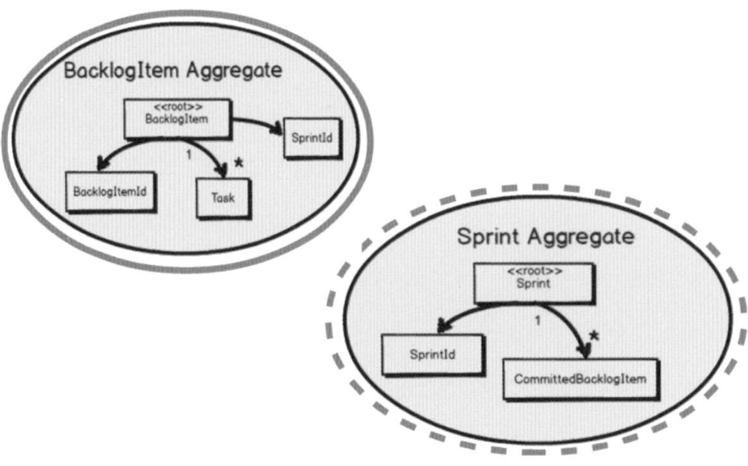

규칙 4: 결과적 일관성을 사용해 다른 애그리게잇을 갱신하라

여기서 `BacklogItem`은 `Sprint`와 연계돼 수행된다. `BacklogItem`과 `Sprint` 모두 이것에 맞춰 설계가 이루어진다. 먼저, `BacklogItem`은 관

여된 Sprint를 알아야 한다. 이는 BacklogItem의 상태가 해당 Sprint의 SprintID를 갖도록 정의하는 하나의 트랜잭션 안에서 관리된다. 그러면 Sprint 관점에서 새롭게 할당된 BacklogItem의 BacklogItemID로 연계돼 제대로 실행됐는지 어떻게 확신할 수 있을까?

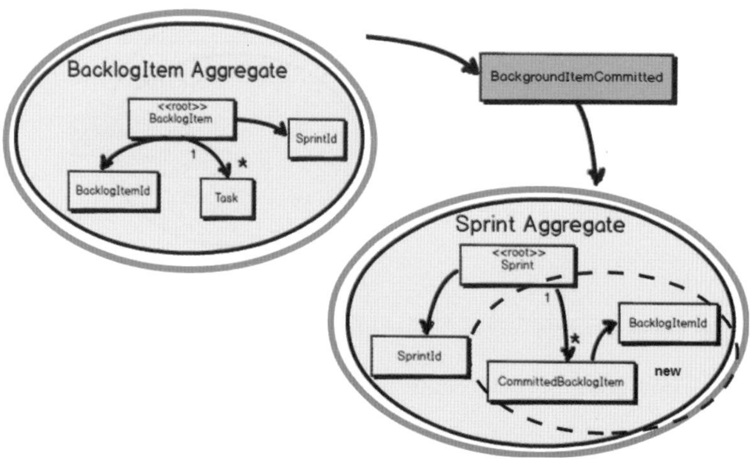

BacklogItem **애그리게잇**의 트랜잭션의 일부로, BacklogItemCommitted라는 **도메인 이벤트**를 발행시킨다. BacklogItem 트랜잭션을 완료한 후의 상태는 BacklogItemCommited **도메인 이벤트**를 통해 유지된다. BacklogItemCommited가 로컬 구독자에게 전달되면, 트랜잭션이 시작되고 Sprint의 상태는 할당된 BacklogItem의 BacklogItemId를 보유하도록 수정된다. Sprint는 새로운 CommitedBacklogItem 엔터티 안에 BacklogItemId를 보유한다.

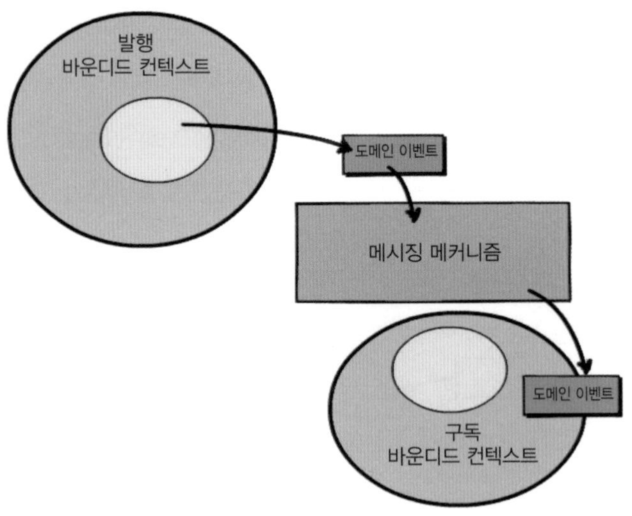

이제 4장에서 배웠던 '컨텍스트 매핑과 전략적 설계'를 다시 떠올려보자. **도메인 이벤트**는 **애그리게잇에** 의해 발행되고, 이에 관심이 있는 바운디드 컨텍스트는 이를 전달받는다. 이처럼 메시징 메커니즘은 구독을 통해 관심 있는 파티들에게 **도메인 이벤트**를 전달한다. 관심 있는 바운디드 컨텍스트는 **도메인 이벤트**를 발행한 컨텍스트일 수도 있고, 다른 바운디드 컨텍스트일 수도 있다.

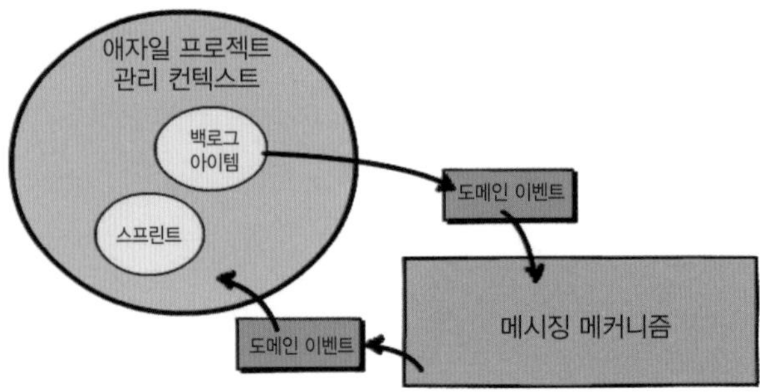

`BacklogItem` **애그리게잇**과 `Sprint` **애그리게잇**의 경우, 발행자와 구독자가 같은 바운디드 컨텍스트 안에 있다. 굳이 이런 상황을 위해 메시징 미들웨어 제품을 사용할 필요는 없겠지만, 다른 바운디드 컨텍스트에 이벤트를 발행시키기 위한 용도로 메시징 제품을 사용하고 있다면, 이 경우에도 메시징 미들웨어 제품을 활용해보자.

결과적 일관성이 두렵게 느껴진다면

결과적 일관성을 사용함에 있어 엄청나게 힘든 점은 없다. 그럼에도 불구하고, 실제 경험해보기 전까지는 결과적 일관성 사용에 대한 걱정이 있을 수도 있다. 그렇다고 해도 비즈니스에 의해 정의된 트랜잭션 경계에 따라 모델을 **애그리게잇**으로 분리시켜야 한다. 2개 이상의 **애그리게잇**을 단일한 데이터베이스 트랜잭션으로 묶어 처리하고 싶어 할 수도 있다. 이전에 이처럼 커다란 트랜잭션을 처리했고, 성공했을 수도 있지만, 다른 모두를 위해 일관성 있게 사용할 필요가 있다. 이는 초기 단계부터 너무 거대한 처리를 만들지 않도록 해주는 기법이다. 이것이 **애그리게잇**을 사용하는 근본적인 이유는 아니지만, 결과적으로 트랜잭션의 실패 경험을 줄여줄 수는 있을 것이다.

애그리게잇 모델링

도메인 모델 관련, **애그리게잇** 구현에 대한 작업을 할 때, 만나기 쉬운 몇 가지 낚싯바늘이 있다. 매우 크고 끔찍한 낚싯바늘은 빈약한 도메인 모델Anemic Domain Model[IDDD]이다. 이것은 객체지향 도메인 모델을 사용하면서, 모든 애그리게잇이 비즈니스 행위가 아닌 읽고(getters) 쓰는(setters) 공개 접근자만을 갖는 것이다. 이는 모델링을 하면서 비즈니스보다는 기술적인 부분에 초점을 맞췄을 때 발생하는 경향이 있다. 빈약한 도메인 모델을 설계하는 것은 도메인 모델이 주는 혜택을 받지 못하고, 모든 오버헤드를 떠안아버리는 상황을 만든다. 이 미끼를 물면 안 된다!

또한 비즈니스 로직이 도메인 모델을 넘어 애플리케이션 서비스까지 새어 나가지 않도록 주의해야 한다. 이것은 빈약한 도메인 모델처럼 잘 발견되지 않을 수도 있다. 비즈니스 로직을 도우미helper나 유틸리티utility 클래스에 위임하는 것은 원하는 대로 잘 동작하지 않는다. 서비스 유틸리티는 항상 정체성에 혼란을 주고, 요구사항을 올바르게 유지시키지도 못한다. 비즈니스 로직을 도메인 모델 안에 정의하지 못한다면, 빈약한 도메인 모델이 만들어낸 버그들 때문에 고생할 수밖에 없다.

함수형 프로그래밍의 경우는?

함수형 프로그래밍을 사용하는 경우에는 규칙이 상당히 많이 바뀐다. 빈약한 도메인 모델이 객체지향 프로그래밍에서는 나쁜 생각인 반면, 함수형 프로그래밍에서는 다소 일반적인데, 이는 함수형 프로그래밍이 데이터와 행위의 분리를 장려하기 때문이다. 즉, 불변하는 데이터 구조나 레코드 유형으로 데이터를 설계하고, 이렇게 설계된 데이터를 제어하는 순수한 함수로 행위를 구현하는 방식이다. 함수가 인자로 받은 데이터를 수정하는 대신, 함수가 새로운 값을 반환한다. 이 새로운 값은 애그리게잇의 상태 변환을 나타내주는 도메인 이벤트 또는 집합의 새로운 상태가 된다.

나는 이번 장에서 주로 객체지향 접근법을 다뤘는데, 아직까지 이 접근법이 가장 널리 사용되고 있으며, 잘 알려져 있기 때문이다. 혹시 함수형 언어를 사용해서 DDD를 적용하고자 한다면, 이 안내서의 일부 내용은 함수형 언어 활용 시 해당되지 않거나 적어도 규칙을 재정의해야 할 수도 있다는 것을 인지하길 바란다.

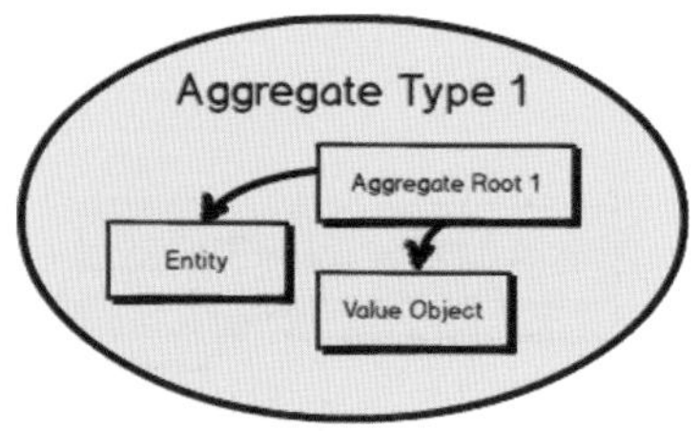

이제 기초적인 애그리게잇 설계를 구현해야 할 기술적인 컴포넌트 중 일부를 살펴보자. 여기에서는 스칼라, C#, 자바 또는 그 외의 객체지향 프로그래밍 언어를 사용하고 있다고 가정한다. 다음 사례는 C#으로 작성됐지만, 스칼라나 F#, 자바, 루비, 파이썬, 그 외 프로그래머들도 비슷하게 이해할 수 있다.

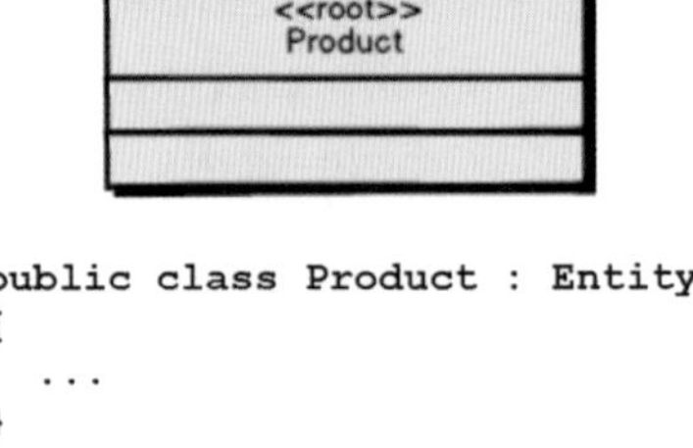


```
public class Product : Entity
{
  ...
}
```

가장 먼저 해야 할 것은 애그리게잇 루트 엔터티 클래스를 생성하는 것이다. 여기에 `Product` 루트 엔터티를 표현한 클래스 다이어그램이 있다. C#에서 `Product` 클래스는 Entity라는 기본 클래스를 확장해서 정의한다. 이 기본 클래스는 표준 Entity 타입을 나타낸다. 좀 더 상세한 엔터티와 애그리게잇의 설계 그리고 구현 관련 사항은 **『도메인 주도 설계 구현[IDDD]』**에서 확인할 수 있다.

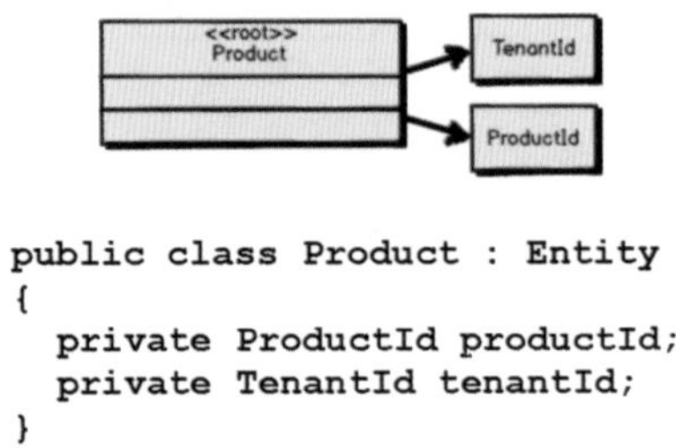


```
public class Product : Entity
{
  private ProductId productId;
  private TenantId tenantId;
}
```

모든 **애그리게잇 루트 엔터티**는 전체 시스템에서 고유한 식별성을 가져야 한다. 실제 애자일 프로젝트 관리 컨텍스트에서 `Product`는 두 가지 형태의 전역적인 고유 식별성을 갖고 있다. `TenantId`는 특정한 구독자 조직 내에서 루트 엔터티를 식별한다(제공되는 서비스를 구독하는 모든 조직은 테넌트로 알려져 있고, 그래서 이를 위해 고유한 식별성을 갖고 있다). 두 번째 식별성도 전역적인 고유한 ProductId이다. 이 두 번째 식별성은 동일한 테넌트 내의 다른 모든 것들로부터 Product를 구별시켜준다. C# 코드로는 Product 안에 2개의 식별자를 정의한다.

값 객체의 사용

여기서 TenantId와 ProductId 모두 변하지 않는 값 객체로 모델링했다.

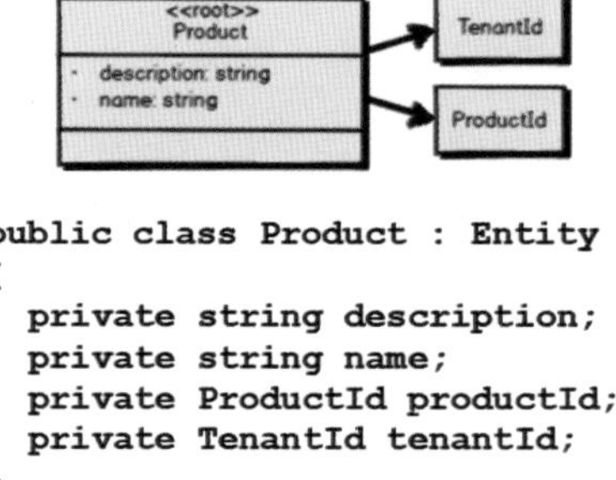


```
public class Product : Entity
{
  private string description;
  private string name;
  private ProductId productId;
  private TenantId tenantId;
}
```

다음에는 애그리게잇을 찾는 데 필요한 본질적 속성이나 필드들을 찾는다. Product의 경우에는 description과 name이 있다. 사용자들은 각각의 Product를 찾기 위해 이들 중 하나 또는 둘 모두를 검색해볼 수 있다. C# 코드에도 2개의 본질적 속성을 정의했다.

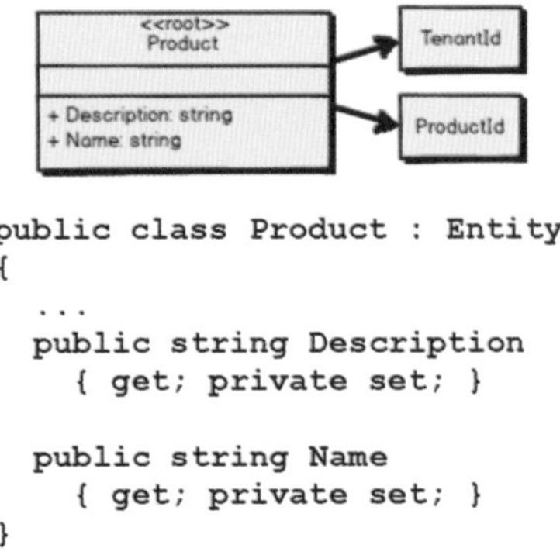


```
public class Product : Entity
{
  ...
  public string Description
    { get; private set; }

  public string Name
    { get; private set; }
}
```

물론, 본질적 속성을 위해 읽기 접근자(getters)와 같은 간단한 행위를 추가해도 된다. C#에서는 공개 속성 읽기 접근자(public property getters)를 사용해서 이를 구현할 수 있다. 하지만 쓰기 접근자(setters)를 공개적으로 드러내고 싶지 않다면, 어떻게 공개 속성 쓰기 접근자 없이 속성 값을 변경할 수 있을까? 객체지향 언어들(C#, 스칼라 그리고 자바)을 사용하고 있다면, 내부 상태를 변경시키는 행위와 관련된 메서드들을 사용해서 값을 변경한다. 만일, 함수형 언어들(F#, 스칼라 그리고 클로저)을 사용하고 있다면, 인자로 받은 값과는 다른 새로운 값을 반환하도록 메서드를 정의하면 된다.

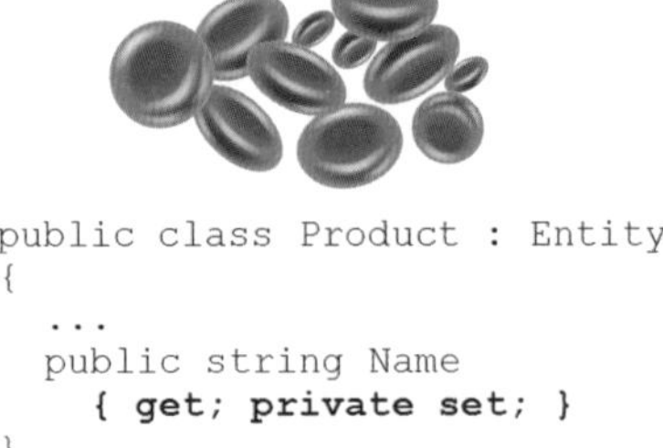

```
public class Product : Entity
{
  ...
  public string Name
    { get; private set; }
}
```

우리들에게는 빈약한 도메인 모델[IDDD]과 싸워야 하는 어려움이 있다. 만일, 속성 쓰기 메서드를 공개시켜버린다면, Product의 값 설정을 위한 로직이 모델 밖에 구현될 것이기 때문에 빈약한 도메인으로 쉽게 빠질 수 있다. 문제에 빠지기 전에 이 경고를 명심하고, 속성 쓰기 메서드를 공개시킬 것인지를 잘 생각해보기 바란다.

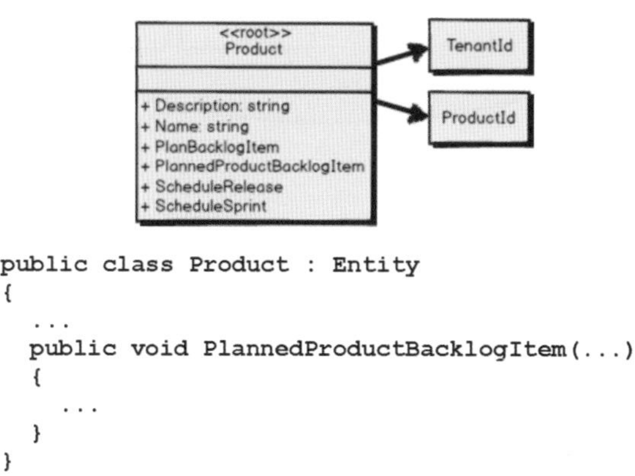


```
public class Product : Entity
{
  ...
  public void PlannedProductBacklogItem(...)
  {
    ...
  }
}
```

마지막으로, 복잡한 행위를 추가해보자. 여기에 PlanBacklogItem( ), PlannedProductBacklogItem( ), ScheduleRelease( ) 그리고 ScheduleSprint( )라는 4개의 새로운 메서드가 있다. 이 메서드들을 모두 C# 코드에 추가해야 한다.

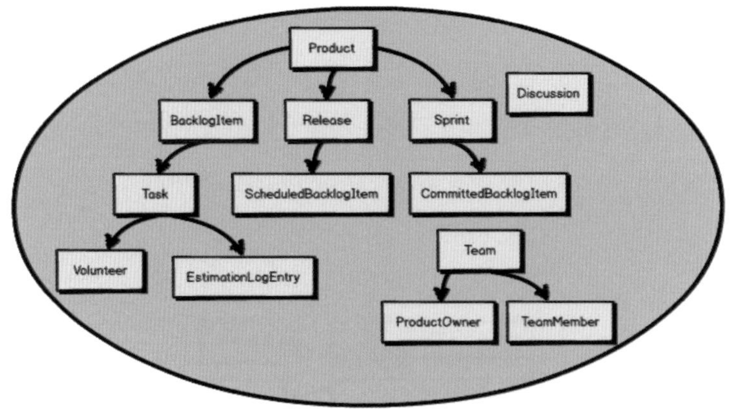

DDD를 사용할 때는 바운디드 컨텍스트 내의 보편언어를 모델링한다는 것을 항상 기억해야 한다. 따라서 Product 애그리게잇의 모든 부분은 보편언어에 따라 모델링해야 한다. 단지 생각했던 부분들을 만드는데 급급해서는 안 된다. 모든 것이 조화를 이룰 수 있도록 도메인 전문가와 개발자들 사이에 긴밀한 협업이 필요하다.

추상화를 조심스럽게 선택하라

효과적인 소프트웨어 모델은 항상 일을 하는 비즈니스의 방식을 고려한 일련의 추상화에 기반을 두고 있다. 이때 모델링하는 각 개념마다 적절한 수준의 추상화를 선택해야 한다.

만일, 보편언어와 관련된 가이드를 따른다면 적절한 추상화를 설정할 수 있다. 적어도 모델링 언어의 기반에 지식을 전달해주는 도메인 전문가가 있기 때문에 훨씬 정확하게 추상화를 모델링할 수 있다. 하지만 가끔은 잘못된 문제를 푸는 것에 지나치게 몰두한 나머지, 소프트웨어 개발자가 지나칠 정도로 추상화를 적용하기도 한다.

예를 들면, 애자일 프로젝트 관리 컨텍스트에서의 스크럼 관련 사항을 돌이켜보자. 전에 논의했던 Product, BaklogItem, Release 그리고 Sprint 개념을 모델링하는 것은 타당하다. 그렇지만 소프트웨어 개발자가 스크럼의 보편언어를 모델링하는 것에 그다지 관심을 기울이지 않은 채, 현재와 미래의 모든 스크럼 관련 개념을 모델링하는 것에 더 많은 관심을 갖고 있다면 어떻게 될까?

이런 관점이 계속되면, 개발자들은 ScrumElement, ScrumElement Container와 같은 개념을 생각해낼 것이다. ScrumElement는 Product와 BacklogItem에 대한 현재의 요구를 만족시키고, Scrum ElementContainer는 Release와 Sprint의 명확한 개념을 분명히 표현해줄 것이기 때문이다. ScrumElement는 typeName 프로퍼티를 가질 것이고, 아마도 그 값은 상황에 맞게 "Product"나 "BacklogItem"으로 설정될 것이다. ScrumElementContainer에 대해서도 같은 종류의 typeName 프로퍼티를 설계하고, 이를 "Release"나 "Sprint"로 설정할 것이다.

이런 방식에서 나타나는 여러 문제점들이 보이는가? 여기에는 적지 않은, 그러나 반드시 고려해야 하는 것들이 있다.

- 소프트웨어 모델의 언어가 도메인 전문가의 멘탈 모델과 일치하지 않는다.
- 추상화 수준이 너무 높아서 각 개별적인 형태의 세부 사항을 모델링하기 시작하면 어려운 상황에 빠질 것이다.

- 이것은 각각의 클래스마다 특수한 경우를 정의할 것이고, 명백한 문제들에 대한 일반적인 접근을 통해 복잡한 클래스 계층 구조를 만들 것이다.
- 우선적으로 중요하지 않은 문제를 해결하려다가 필요한 것보다 훨씬 많은 코드를 생산할 것이다.
- 잘못된 추상화 수준은 심지어 사용자 인터페이스까지 영향을 미쳐 사용자에게 혼란을 주는 경우도 종종 발생한다.
- 이로 인해 상당한 시간과 비용을 낭비할 수 있다.
- 프로젝트 초반에 미래의 모든 요구를 생각하고 반영할 수는 없다. 새로운 스크럼 개념들은 앞으로도 계속 추가될 것이고, 기존 모델은 그 요구사항을 예견하는 데 실패할 수밖에 없기 때문이다.

이런 잘못된 방식을 따르는 상황이 나타날지 의문을 갖는 사람들도 있겠지만, 이런 부적절한 추상화 수준은 기술적인 측면으로 구현을 생각하는 상황에서 자주 등장한다.

높은 수준의 추상화 구현이라는 덫에 현혹되지 말자. 팀이 정의한 도메인 전문가의 멘탈 모델에 따라 보편언어를 모델링해야 한다. 비즈니스가 지금 당장 요구하는 것을 모델링하면 상당한 시간, 예산, 코드를 아끼고, 곤란한 상황에 빠지지 않을 수 있다. 더 나아가 정확하고 유용한 바운디드 컨텍스트에 효과적인 설계를 반영한 모델링을 통해 대단히 멋진 서비스에 더 많은 기여를 하게 될 것이다.

올바른 크기의 애그리게잇

비즈니스 불변사항을 보호할 일관성 경계는 여전히 유지하면서도, 애그리게잇의 경계를 결정하고, 큰 클러스터를 설계하는 것을 방지할 수 있을지 궁금할 것이다. 여기에 훌륭한 설계 접근법을 제공한다. 만일, 이미 큰 클러스터의 애그리게잇을 만들었다면, 좀 더 작은 것들로 리팩토링하는 데 이 방법을 사용할 수도 있다. 하지만 이와는 다른 관점에서 시작해보자.

일관성 경계 목표에 도달하는 데 도움을 줄 아래 설계 단계들을 살펴보자.

1. 먼저 애그리게잇 설계의 두 번째 규칙인 "작은 애그리게잇을 설계하라"에 집중하자. 애그리게잇 루트로 제공될 오직 1개의 엔터티만을 갖는 애그리게잇을 생성한다. 지금은 하나의 경계 안에 2개의 엔터티를 두는 것은 생각하지도 말자. 조만간 그럴 수 있는 기회가 있다. 각 엔터티들을 단일의 루트 엔터티와 관련이 가장 깊다고 생각되는 필드/속성/프로퍼티로 채우자. 여기서 가장 주의할 점은 애그리게잇을 식별하고 찾는 데 필요한 모든 필드/속성/프로퍼티를 정의하는 것뿐만 아니라 애그리게잇을 초기에 만들 때 유효한 초기 상태를 구성하는 데 필요한 모든 추가적인 필드/속성/프로퍼티를 정의하는 것이다.
2. 이제 애그리게잇 설계의 첫 번째 규칙인 "애그리게잇 경계 내의 비즈니스 불변사항을 보호하라"로 관심을 돌리자. 이미 이

전 단계에, 단일 엔터티 애그리게잇을 저장할 때 모든 필드/속성이 반드시 최신의 정보를 포함한 상태여야 한다는 것을 알았을 것이다. 하지만 지금은 애그리게잇을 한 번에 하나씩 살펴봐야 한다. 애그리게잇 A1을 살펴본다고 할 때, 이미 정의한 다른 애그리게잇들 중에 A1 애그리게잇이 변경될 때 함께 갱신돼야 하는 것이 있는지 도메인 전문가에게 확인한다. 애그리게잇의 행위에 관련된 모든 갱신에 걸리는 시간을 파악할 수 있는 관련된 각 애그리게잇의 목록과 일관성 규칙을 만든다. 다시 말하면, "애그리게잇 A1"을 목록의 가장 앞에 위치시키고, A1의 변경에 따라 바뀌어야 할 다른 애그리게잇들을 그 아래에 위치시킨다.

3. 반응에 맞춘 갱신이 일어나는 시간은 얼마나 걸릴지 도메인 전문가에게 확인하자. ⒜ 즉시 또는 ⒝ N초/분/시간/일과 같은 두 가지 유형의 명세로 정의될 것이다. 올바른 비즈니스 임계치를 찾는 한 가지 가능한 방법은 받아들여질 수 없는 과장된 소요 시간(몇 주 또는 몇 달과 같은)을 먼저 제시하는 것이다. 비즈니스 전문가로 하여금 받아들일 수 있는 소요 시간을 답하게 만들 수 있을 것이다.
4. 각각의 애그리게잇들이 즉시 처리돼야 할 경우, 동일한 애그리게잇 경계 안에 그 2개의 엔터티를 구성하는 것을 긍정적으로 검토해야 한다. 그 의미는 예를 들어, 애그리게잇 A1과 애그리게잇 A2를 새로운 애그리게잇 A[1 ,2]로 구성한다는 것이다. 이렇게 변경한다면, 이전에 정의했던 애그리게잇 A1과

A2는 더 이상 존재하지 않고, 오직 애그리게잇 A[1, 2]만 존재한다.

5. 각각의 애그리게잇들이 주어진 시간에 따라 각각 반응하는 경우, 애그리게잇 설계의 네 번째 규칙인 "결과적 일관성을 사용해 다른 애그리게잇을 갱신하라"를 사용해서 갱신한다.

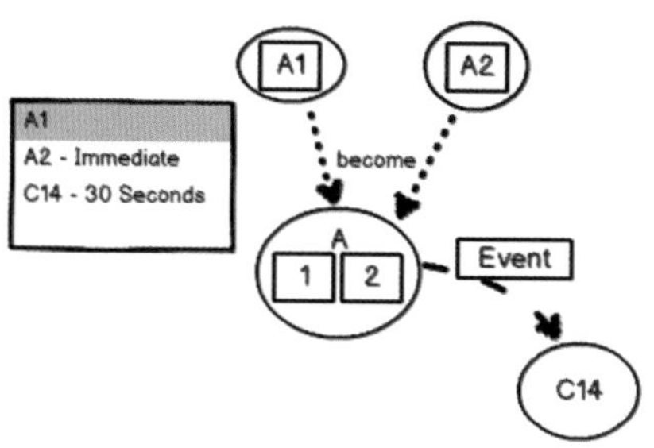

이 그림에서 A1 관점에서 모델링을 살펴보자. A1의 일관성 규칙 목록에는 A2가 적혀 있고, C14는 소요 시간(30초)을 갖는다. 결과적으로, A1과 A2는 하나의 애그리게잇 A[1, 2] 안으로 통합 모델링된다. 또한 런타임 중에 애그리게잇 A[1, 2]는 애그리게잇 C14를 갱신하도록 하는 도메인 이벤트를 발행시킨다.

모든 애그리게잇이 함께 즉각적인 갱신에 들어가야 한다고 비즈니스 측에서 일방적으로 주장하지는 않는지 주의를 기울여야 한다. 설계 회의에 참여하는 많은 사람들이 데이터베이스 설계와 데이터 모델링에 영향을 받을 때 특히 강하게 이런 경향을 보일 수 있다. 그 이해관계자들은 트랜잭션 위주의 관점을 가질 것이다. 하지만 실제로 비즈니스가 모든 상황에 즉각적인 일관성을 요구할 가능성은 매우 낮다. 이런 생각을 바꾸기 위해 현재의 큰 클러스터 애그리게잇을 구성하는 여러 애그리게잇들에 걸친, 다수의 사용자들에 의해 동시에 발생하는 갱신들로 인해 어떻게 트랜잭션이 실패하게 될지 입증하는 데 시간을 보내는 상황이 발생할 수도 있다. 그뿐만 아니라 그런 큰 클러스터 설계로 인해 얼마나 많은 메모리 오버헤드가 발생하는지에 대해 이야기를 해야 할 수도 있다. 분명히 이런 문제들은 우선적으로 피하려고 노력해야 하는 것들이다.

이런 활동은 결과적 일관성이 기술 주도가 아닌, 비즈니스 주도라는 것을 보여준다. 물론, 이전 장의 컨텍스트 매핑에서 논했던 것처럼 다수의 애그리게잇 사이에 갱신을 위한 기술적인 방안도 찾아야 한다. 그렇지만 다양한 엔터티 간에 발생하는 갱신의 수용 가능한 소요 시간을 결정할 수 있는 것은 오직 비즈니스다. 이는 즉시 또는 적절한 트랜잭션으로 처리돼야 하는 것들은 동일한 애그리게잇으로 관리해야 한다는 의미다. 또한 결과적인 일관성이 필요한 경우에는 메시징과 같은 도메인 이벤트를 통해 관리해야 한다는 의미다. 비즈니스가 해야 하는 일이 무엇인지를 고려하는 것은 매우 중요하다. 실제 비즈니스가 어떤 일을 수행해야 하는지를 생각하는 것은 다양한 도메인 오퍼레이션들이 비즈니스 행위를 모델링한 소프트웨어에 통찰을 줄 것이고, 이는 비즈니스에 가치를 전달해줄 것이다.

테스트 가능한 단위

단위 테스트를 위해 애그리게잇을 철저하게 캡슐화되도록 설계하자.

복잡한 애그리게잇은 테스트하기도 힘들다. 이전의 설계 가이드들은 테스트할 수 있는 애그리게잇을 모델링할 수 있는 좋은 지침들을 제공한다.

단위 테스트는 2장 '바운디드 컨텍스트 및 보편언어와 전략적 설계' 그리고 7장 '가속화와 관리 도구'에서 이야기한 비즈니스 명세 검증(인수 테스트)과는 다르다. 단위 테스트 만드는 일은 인수 테스트에 관한 시나리오 명세 만드는 과정을 따라 할 것이다. 여기서 고려해야 하는 것은 애그리게잇이 수행하길 기대하는 대로 정확하게 수행되는지 테스트하는 것이다. 또한 애그리게잇의 모든 오퍼레이션이 정확성, 품질, 안정성을 보장하길 원할 것이다. 이를 위해 단위 테스트 프레임워크를 사용할 수도 있고, 다른 효과적인 단위 테스트 방법에 대한 많은 자료들을 활용할 수도 있다. 단위 테스트들은 바운디드 컨텍스트와 직접적으로 연관되는 것으로 해당 소스 코드 리파지토리에 보관될 것이다.

요약

여러분이 배운 것을 요약하면 아래와 같다.

- 애그리게잇 패턴이 무엇이고, 왜 그것을 사용해야 하는가?
- 일관성 경계를 염두에 두고 설계하는 것의 중요성
- 애그리게잇과 관련된 다양한 부분들
- 효과적인 애그리게잇 설계의 네 가지 규칙

- 애그리게잇의 고유한 식별자를 설계할 수 있는 방법
- 애그리게잇 속성의 중요성과 빈약한 도메인 모델 생성을 피하는 방법
- 애그리게잇의 행위를 모델링하는 방법
- 언제나 바운디드 컨텍스트가 보편언어를 따르도록 하기
- 설계에 적절한 추상화 수준을 선택하는 것의 중요성
- 올바른 크기의 애그리게잇 구성 기술과 테스트 가능하도록 설계하는 방법

엔터티, 값 객체 그리고 애그리게잇에 대한 좀 더 심도 깊은 내용은 『도메인 주도 설계 구현[IDDD]』 5, 6, 10장에서 확인할 수 있다.

Chapter

6

도메인 이벤트와 전술적 설계

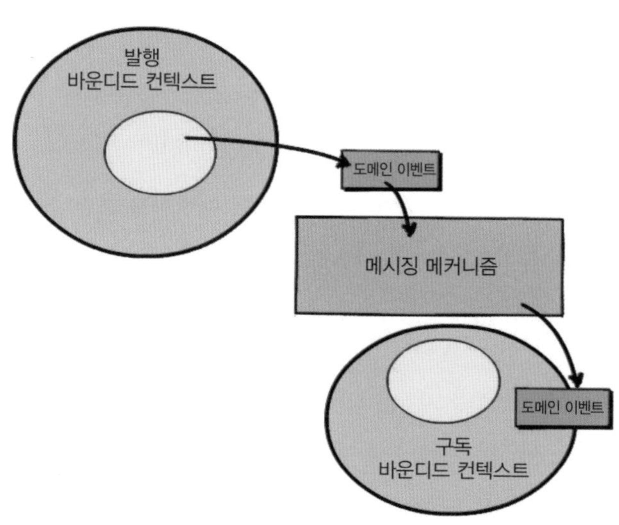

앞에서 도메인 이벤트가 어떻게 사용되는지에 대해 일부나마 알아봤다. 도메인 이벤트는 바운디드 컨텍스트 내의 비즈니스 관점에서 중요한 사항들에 대한 기록이다. 지금까지의 내용을 통해 독자들도 도메인 이벤트가 전략적 설계를 위해 매우 중요한 도구임을 알았을 것이다. 그뿐만 아니라 종종 전술적 설계를 하는 동안 도메인 이벤트의 개념이 정립되면서 핵심 도메인의 일부가 된다.

도메인 이벤트를 사용함으로써 얻을 수 있는 장점을 살펴보기 위해 인과관계 일관성이라는 개념을 살펴보자. 비즈니스 도메인은 인과관계가 있는 오퍼레이션(한 오퍼레이션이 다른 것의 원인이 되는)이 분산된 시스템의 동일한 요청 내에 존재하는 모든 의존적인 노드들에게 보여지는 경우, 의존관계 일관성을 제공한다. 인과관계에 있는 오퍼레이션은 반드시 특정한 요청으로 인해 발생하기 때문에 그 특정한 요청이 발생되지 않으면 인과관계에 있는 오퍼레이션은 발생할 수 없다. 즉, 특정한 오퍼레이션이 다른 애그리게잇에서 명확하게 발생하기 전에는 한 애그리게잇이 생성되거나 수정될 수 없다는 의미다.

1. 수가 "내 지갑을 잃어버렸어!"라는 메시지를 보낸다.
2. 개리가 그 메시지에 "큰일났네!"라고 답한다.
3. 수가 "걱정마, 지갑을 찾았어!"라고 메시지를 보낸다.
4. 개리가 "잘됐다!"라고 답장을 보낸다.

만일, 이 메시지들이 인과관계 요청이 아닌 형태로 분산된 노드에 전달된다면, 개리가 "내 지갑을 잃어버렸어!"라는 메시지에 "잘됐다!"라는 메시지가 전달될 수도 있다. "잘됐다!"라는 메시지가 "내 지갑을 잃어버렸어!"라는 메시지와 직접적인 관계나 인과관계가 아닌데, 만일 이런 일이 발생한다면, 그 메시지를 읽는 것이 누구든 개리가 절대 원치 않은 상황이 된다. 그렇기 때문에 인과관계가 적절하게 맺어져 있지 않다면, 전체 도메인 상황이 잘못되거나 혼란스러워진다. 이런 인과관계는 선형의 시스템 아키텍처인 경우, 정확하게 순서가 정해진 도메인 이벤트의 생성과 활용을 통해 손쉽게 달성할 수 있다.

전술적 설계 노력을 통해 도메인 이벤트가 도메인 모델에 구체화되고, 도메인 이벤트가 만들어지면 바운디드 컨텍스트와 다른 자원들은 이벤트를 받아 활용한다. 이는 중요한 이벤트에 관심이 있는 이벤트 리스너들에게 관련 상황의 발생을 알리는 매우 강력한 방법이다. 이제 도메인 이벤트를 모델링하는 방법과 바운디드 컨텍스트에서 그것을 활용하는 방법을 배워보자.

도메인 이벤트를 설계, 구현, 사용하기

바운디드 컨텍스트 내에 도메인 이벤트를 효과적으로 설계하고 구현하는 데 필요한 지침을 단계별로 안내하겠다. 또한 도메인 이벤트를 어떻게 사용하는지에 대한 사례도 확인해보자.

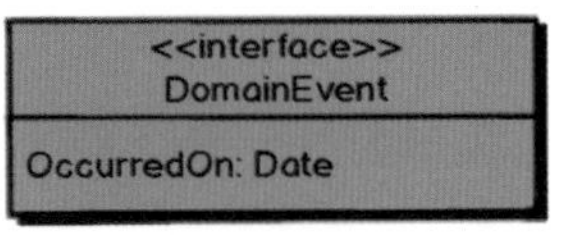


```
public interface DomainEvent
{
  public Date OccurredOn
  {
    get;
  }
}
```

이 C# 코드는 모든 도메인 이벤트가 반드시 지원해야 하는 최소한의 인터페이스만 고려한 것이다. 일반적으로 도메인 이벤트가 발생할 때 그 날짜와 시각을 전달하길 원하는데, 이를 위해 OccurredOn 프로퍼티를 제공한다. 이런 세부사항이 꼭 필요한 것은 아니지만, 유용하게 쓸 수 있는 상황이 자주 있으며, 일반적인 도메인 이벤트 형태는 이 인터페이스를 구현하게 될 가능성이 높다.

도메인 이벤트에 어떻게 이름을 붙일 것인지에 대해 세심한 주의를 기울여야 한다. 여기에 사용되는 단어들은 도메인 모델의 보편언어를 반영해야 한다. 이 단어들은 도메인 모델 안에서 발생하는 사건과 모델 밖을 이어주는 다리를 형성할 것이다. 이런 다리들은 이벤트를 통해 모델들이 원활히 의사소통하는 데 필수적인 역할을 한다.

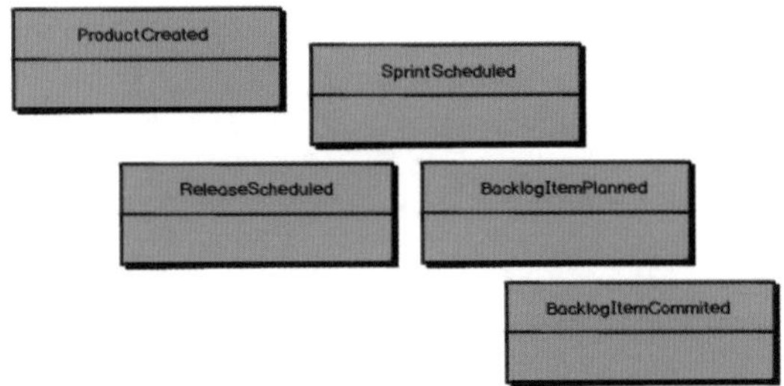

도메인 이벤트 타입을 나타내는 이름은 과거에 발생한 것을 서술하는데, 이는 과거형 동사로 표현할 수 있다. 애자일 프로젝트 관리 컨텍스트의 몇 가지 사례를 살펴보자. ProductCreated는 어떤 과거 시점에 스크럼 제품이 생성됐음을 나타낸다. 다른 도메인 이벤트로 ReleaseScheduled, SprintScheduled, BacklogItemPlanned 그리고 BacklogItemCommitted가 있다. 각 이름들은 핵심 도메인에서 발생한 사건을 명확하고 간결하게 서술하고 있다.

도메인 모델에서 발생한 사건의 기록을 온전히 전달하려면 도메인 이벤트 이름과 프로퍼티가 모두 필요하다. 그런데 도메인 이벤트는 어떤 프로퍼티를 담고 있어야 할까?

질문해보자. "애플리케이션에서 어떤 것들이 도메인 이벤트를 발생시킬까?" ProductCreated는 명령을 통해 이벤트를 발생시킨다(명령이란, 메서드나 액션을 요청하는 객체 형태를 말한다). 이 예제에서의 명령은 CreateProduct다. ProductCreated는 CreateProduct 명령의 결과라고 할 수 있다.

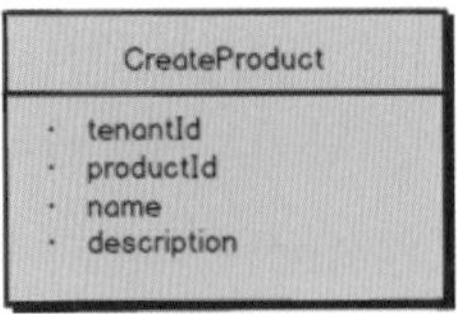

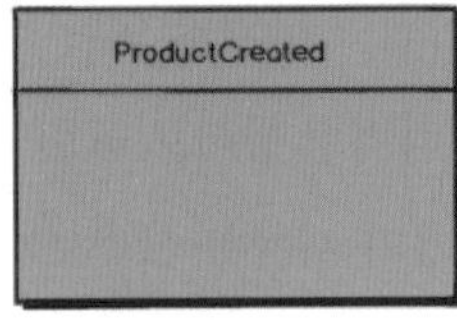

CreateProduct 명령은 여러 개의 프로퍼티를 갖고 있다. (1) 구독 테넌트를 식별하는 tenantId, (2) 생성되는 고유한 Product를 식별하는 productId, (3) Product name (4) Product description. 각 프로퍼티들은 Product 생성에 있어 필수적인 것들이다.

CreateProduct
· tenantId
· productId
· name
· description

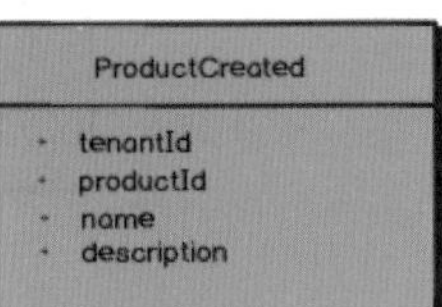

ProductCreated 도메인 이벤트는 이벤트가 만들어지는 시점에, 명령이 제공하는 모든 프로퍼티들을 담고 있어야 한다. (1) tenantId, (2) productId, (3) name 그리고 (4) description. 이렇게 모든 이벤트 구독자들에게 모델 안에서 무슨 일(Product가 생성됐다)이 벌어졌는지 온전하고 정확하게 알릴 수 있다. 테넌트는 tenantId로, Product는 productId로 고유하게 식별하고, Product는 그에 할당된 name과 description을 갖는다.

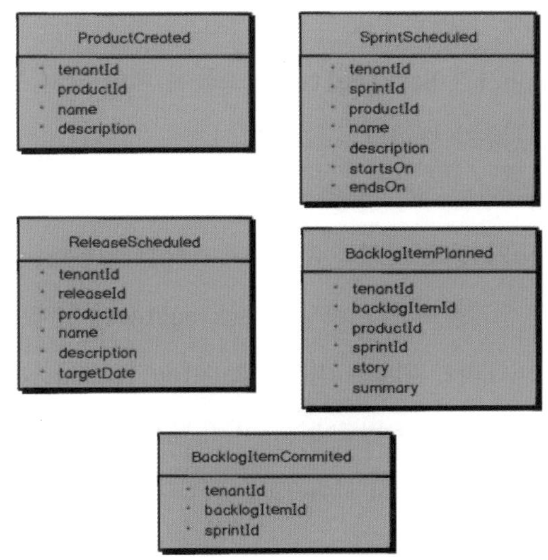

이 다섯 가지 예시는 애자일 프로젝트 관리 컨텍스트가 발행하는 다양한 도메인 이벤트가 포함해야 하는 프로퍼티에 대한 좋은 사례를 제시한다. 예를 들어, BacklogItem이 Sprint에 할당되면 BacklogItemCommitted 도메인 이벤트가 만들어지고 전달된다. 이 도메인 이벤트는 tenantId, 이벤트에 할당된 BacklogItem의 backlogItemId, 이벤트에 할당된 Sprint의 sprintId를 포함한다.

4장 '컨텍스트 매핑과 전략적 설계'에서 서술한 것처럼 도메인 이벤트가 풍부한 추가 데이터를 담고 있을 수도 있다. 이는 필요한 추가 정보를 얻기 위해 쿼리를 다시 하길 원치 않는 소비자들에게 특히 도움이 된다. 하지만 도메인 이벤트에 그 의미를 잃을 정도로 너무 많은 데이터를 가득 채우는 일이 없도록 주의해야 한다. 예를 들어, BacklogItem의 전체 상태를 담고 있는 BacklogItemCommitted

를 생각해보자. 도메인 이벤트에 따르면, 실제로 무슨 일이 일어났던 걸까? 소비자가 BacklogItem 요소들에 대해 깊이 이해하지 못한다면, 모든 추가 데이터는 오히려 그것을 정확히 이해하기 어렵게 만들 수도 있다. 또 BacklogItemCommitted를 제공하는 대신 BacklogItem의 전체 상태를 갖는 BacklogItemUpdated를 사용하는 것에 대해 생각해보자. 소비자가 BacklogItem에 실제로 어떤 일이 발생했는지 이해하기 위해서 최신의 BacklogItemUpdated와 이전의 BacklogItemUpdated를 비교해야만 하기 때문에 BacklogItem에 무슨 일이 발생했는지 정확히 이해하기는 어렵다.

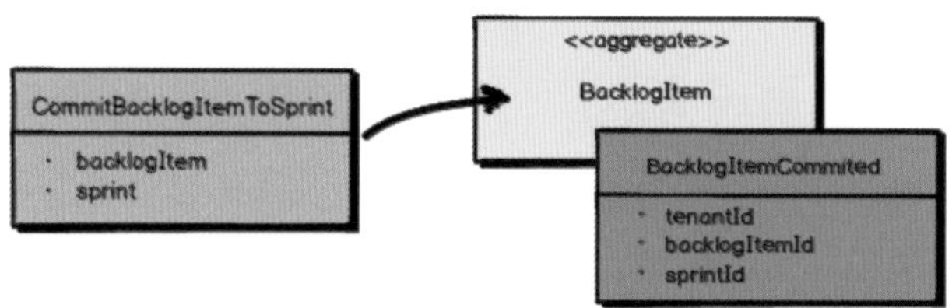

좀 더 명확하게 도메인 이벤트의 적절한 사용을 하기 위해 한 시나리오를 같이 따라가보자. 제품 책임자는 Sprint에 BacklogItem을 할당한다. 이 명령은 BacklogItem과 Sprint를 메모리에 생성시킨다. 그 다음 명령은 BacklogItem 애그리게잇에서 실행된다. 그 결과 BacklogItem의 상태가 수정되고, 그 결과로 BacklogItemCommitted 도메인 이벤트가 발생한다.

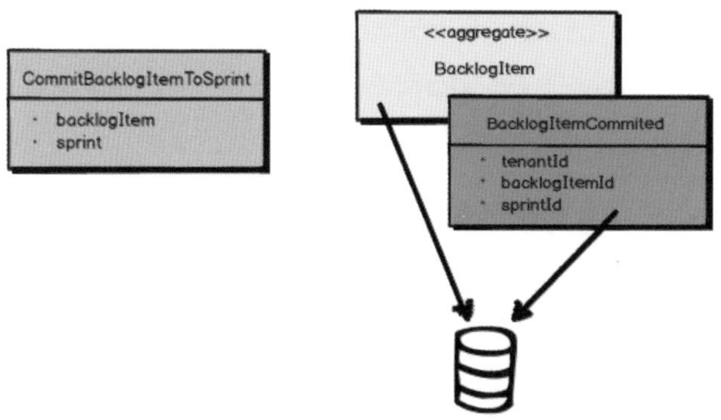

수정된 애그리게잇과 도메인 이벤트가 같은 트랜잭션에서 함께 저장될 필요가 있다. 만일, 객체-관계 매핑 도구를 사용한다면, 애그리게잇을 하나의 테이블에 그리고 도메인 이벤트를 이벤트 리파지토리 테이블에 저장하고 난 후, 트랜잭션을 설정할 수 있다. 만약, 이벤트 소싱Event Sourcing을 사용한다면, 애그리게잇의 상태는 도메인 이벤트 자체로 온전히 표현할 수 있다(이벤트 소싱에 대해서는 이 장의 다음 세션에서 이야기하려고 한다). 어느 쪽이든, 도메인 이벤트를 이벤트 리파지토리에 유지하는 것은 도메인 모델 간에 발생한 것에 대한 인과관계의 순서를 지속시켜준다.

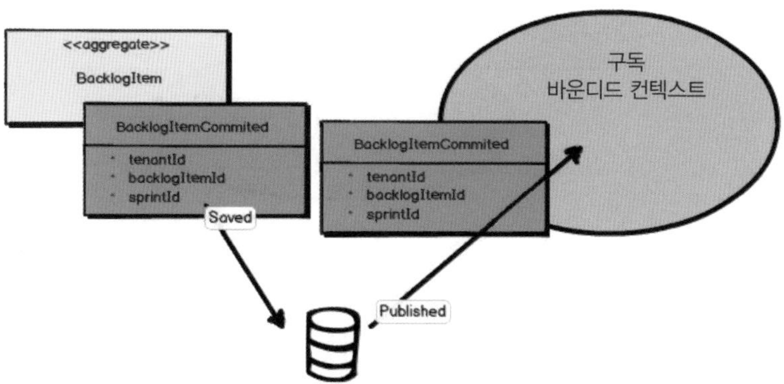

도메인 이벤트가 이벤트 리파지토리에 한 번 저장되면, 이벤트에 관심 있는 어떤 대상에게든지 전달될 수 있다. 이는 바운디드 컨텍스트 내부일 수도 있고, 바운디드 컨텍스트의 외부일 수도 있다. 이렇게 이벤트는 도메인에 주목할 만한 무언가가 발생했다는 것을 다른 모두에게 알리는 방법이다.

다만, 도메인 이벤트를 인과관계의 순서에 따라 저장하는 것이 같은 요청 내에 분산돼 있는 다른 노드들에 도달할 것을 보장하는 것은 아니다. 이에 따른 적절한 인과관계를 파악하는 것 또한 이를 소비하는 바운디드 컨텍스트가 가져야 할 책임이다. 도메인 이벤트 그 자체가 인과관계를 나타내거나 시퀀스나 인과관계 식별자처럼 도메인 이벤트와 관계된 메타데이터 형태가 인과관계를 나타낼 수도 있다. 시퀀스나 인과관계 식별자는 도메인 이벤트가 발생했다는 것을 나타내줄 것이고, 아직 인과관계가 확인되지 않았다면 이벤트 소비자들은 그 인과관계가 도달하기 전까지는 새롭게 도달할 이벤트를 기다려야 한다. 어떤 경우에는 이후 메시지와 관계된 수행에 의해 특정 도메인 이벤트가 필요 없어진 경우도 있다. 이때 인과관계는 무시된다.

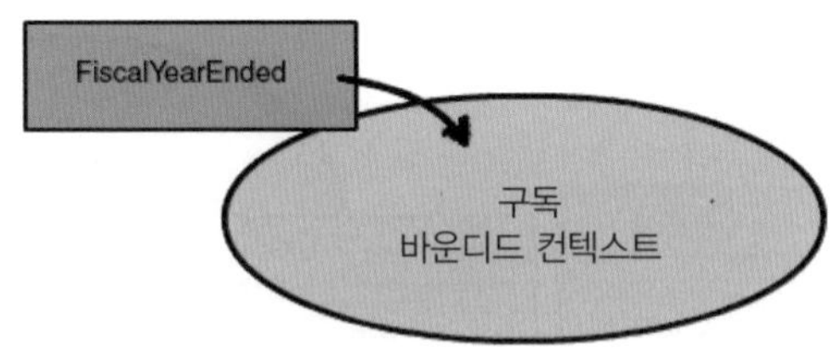

누가 이벤트를 발생시키는지에 대해서도 주목할 필요가 있다. 보통은 이벤트를 발생시키는 사용자 인터페이스에 의해 발현되는 사용자 기

반 명령인 경우가 많지만, 때로는 다른 원인으로 도메인 이벤트가 발생될 수도 있다. 예를 들면, 마지막 영업일이나 주, 년, 월의 마지막과 같은 시간 만료에 의해서도 이벤트가 발생된다. 이 경우, 이벤트를 발생시키는 명령을 보내지는 않는데, 시간대의 마지막이라는 것이 명확한 사실이기 때문이다. 시간의 만료라는 것은 누구라도 거부할 수 없는 사실이기 때문에 비즈니스가 만료 시간에 맞춰 일을 해야 한다면 명령이 아닌 도메인 이벤트로 시간 만료를 모델링해야 한다.

시간의 만료는 일반적으로 부르는 별칭을 갖고 있는데, 이런 별칭은 보편언어의 일부가 된다. 예를 들어, "회계 연도 종료"라는 상황은 비즈니스가 반응해야 하는 중요한 이벤트일 수 있다. 또한 월 스트리트의 오후 4시는 단순히 오후 4시가 됐다는 의미가 아니라 "장 종료"라는 의미를 갖고 있다. 이런 경우, 특정한 시간대에 기반을 둔 도메인 이벤트는 그 나름대로의 이름을 갖고 있다.

명령은 공급과 자원(제품, 자금 등)의 가용성에 대한 사유나 비즈니스 수준의 기준 등이 부적합한 경우에는 거부할 수 있다는 점에서 도메인 이벤트와는 다르다. 즉, 명령은 거부할 수 있지만, 도메인 이벤트는 실제 발생하는 것이고, 논리적으로 부정할 수는 없다. 하지만 시간 기반의 도메인 이벤트에 대한 응답에 대해 애플리케이션이 일련의 액션을 수행하도록 요청한다면, 이를 수행하기 위해 1개 이상의 명령을 생성해야 할 수도 있다.

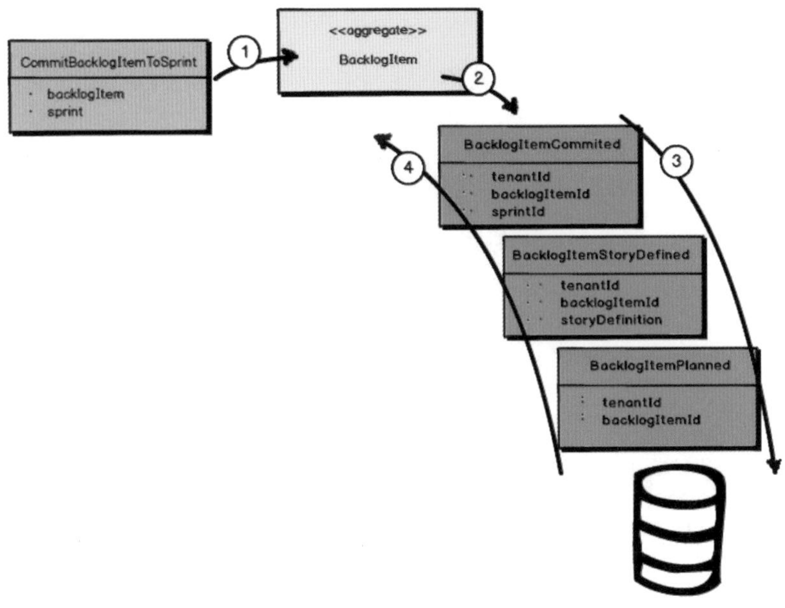

이벤트 소싱

이벤트 소싱은 애그리게잇 인스턴스에 대해 변경된 것에 대한 기록으로, 발생했던 모든 도메인 이벤트를 저장하는 것을 말한다. 즉, 애그리게잇 상태 전체를 저장하는 대신, 발생했던 각 도메인 이벤트 모두를 저장한다. 어떻게 이를 지원할 수 있는지 단계별로 살펴보자.

하나의 애그리게잇 인스턴스에 발생했던 모든 도메인 이벤트를 발생한 순서대로 이벤트 스트림에 구성한다. 이벤트 스트림은 애그리게잇에 가장 처음 발생했던 도메인 이벤트로 시작해서 마지막 도메인 이벤트까지 계속된다. 애그리게잇 인스턴스에 새로운 도메인 이벤트가 발생하면, 이벤트 스트림의 마지막에 추가한다. 이 과정과는 반대로, 애그리게잇에 이벤트 스트림을 재적용하면 저장된 정보가 메모리로 환원된다. 다시 말해, 이벤트 소싱을 사용하면 어떤 사유로 인해 메모리에서 삭제됐던 애그리게잇들을 이벤트 스트림을 통해 온전히 환원시킬 수 있다.

앞의 다이어그램에서 발생한 첫 번째 도메인 이벤트가 `BacklogItemPlanned`이고, 그 다음은 `BacklogItemStoryDefined`였다. 그리고 바로 전 발생했던 이벤트는 `BacklogItemCommitted`다. 전체 이벤트 스트림은 현재 이 세 가지 이벤트로 구성돼 있고, 그 순서를 다이어그램에서 확인할 수 있다.

애그리게잇 인스턴스에 발생한 각 도메인 이벤트는 앞에서 설명한 명령에 의해 발생한다. 앞의 다이어그램을 보면, `CommitBacklogItemToSprint` 명령이 `BacklogItemCommitted` 도메인 이벤트를 발생시켰다.

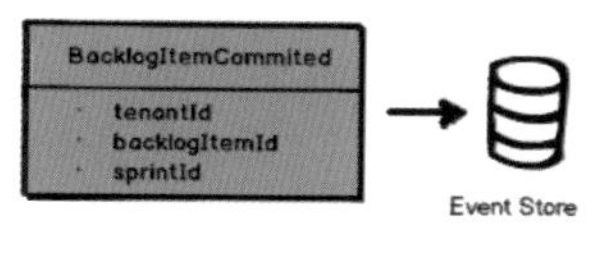

Stream Id	Stream Version	Event Type	Event Content
backlogItem123	1	BacklogItemPlanned	{ ... }
backlogItem123	2	BacklogItemStoryDefined	{ ... }
backlogItem123	3	BacklogItemCommitted	{ ... }
...	N	...	{ ... }
...	N	...	{ ... }
...	N	...	{ ... }

이벤트 리파지토리는 모든 도메인 이벤트를 추가하는 순차적인 리파지토리 컬렉션 또는 테이블을 말한다. 이벤트 스토어는 오직 추가만 가능한데, 이런 특성으로 인해 리파지토리 메커니즘은 매우 빠르게 동

작한다. 그래서 매우 높은 처리량, 낮은 대기 시간, 높은 확장성을 위해 이벤트 소싱을 사용하는 핵심 도메인을 만들 수 있다.

성능 고려하기

만일, 주요 관심사 중 하나가 성능이라면, 캐싱과 스냅샷에 대해 알고 있는 것이 좋다. 우선 가장 높은 성능을 요하는 애그리게잇을 메모리에 캐시한다. 이렇게 하면 사용할 때마다 이를 리파지토리로부터 다시 불러와야 할 필요가 없다. 애그리게잇을 액터로 하는 액터 모델을 사용하는 것은[Reactive] 애그리게잇 상태를 캐싱으로 유지하는 쉬운 방법 중 하나다.

또 다른 도구는 스냅샷인데, 이는 이벤트 스트림으로부터 모든 도메인 이벤트를 다시 불러들이지 않고도 메모리에서 사라졌던 애그리게잇을 다시 메모리로 불러들이는 시간을 최적화시킬 수 있다. 이는 데이터베이스 내의 애그리게잇(객체, 액터 또는 레코드)이 증가하는 상태를 스냅샷을 통해 관리하는 것이다. 『도메인 주도 설계 구현[IDDD]』, 액터 모델과 리액티브 메시징 패턴[Reactive]에서 스냅샷에 대한 좀 더 세부적인 내용을 확인할 수 있다.

이벤트 소싱을 사용함으로써 얻을 수 있는 가장 큰 이점 중 하나는 핵심 도메인에서 계속 발생하는 모든 기록을 개별적인 발생 수준으로 저장한다는 점이다. 이는 많은 이유로 비즈니스에 큰 도움이 될 수 있는데, 당장은 법적 기준에 대한 준수 및 분석과 같은 것들이 있고, 나중에 도움이 되는 것들도 있을 것이다. 기술적인 이점도 있는데, 소프트웨어 개발자가 소스 코드를 디버깅하거나 이벤트 사용 추세를 조사할 때, 이벤트 스트림을 사용해볼 수도 있다.

『도메인 주도 설계 구현[IDDD]』에서 이벤트 소싱에 대한 기법들을 찾아볼 수 있다. 또한 이벤트 소싱을 사용하면 CQRS[Command Query Responsibility]

Segregation를 사용해야 한다는 생각을 할 수밖에 없는데, 이 주제에 대한 논의도 『**도메인 주도 설계 구현[IDDD]**』에서 확인할 수 있다.

요약

이번 장에서 배운 것을 요약하면 아래와 같다.

- 도메인 이벤트를 생성하고 이름 붙이는 방법
- 표준 도메인 이벤트 인터페이스를 정의하고 구현하는 것의 중요성
- 도메인 이벤트에 제대로 이름 붙이는 것은 특히 더 중요하다는 것
- 도메인 이벤트의 프로퍼티를 정의하는 방법
- 일부 도메인 이벤트가 명령에 의해 유발될 수 있고, 다른 경우에는 일자, 시간과 같은 상태가 변경되는 것들의 인지를 통해 유발될 수 있다는 것
- 이벤트 리파지토리에 도메인 이벤트를 저장하는 방법
- 도메인 이벤트 저장 후 이를 발생시키는 방법
- 이벤트 소싱 그리고 애그리게잇의 상태를 표현하기 위해 도메인 이벤트를 저장하고 사용하는 방법

도메인 이벤트와 통합에 대한 좀 더 상세한 내용은 『도메인 주도 설계 구현[IDDD]』 8, 13장에서 확인할 수 있다.

Chapter

7

가속화와 관리 도구

DDD를 사용할 때 우리는 비즈니스가 어떻게 동작하는지에 대한 심도 깊은 학습을 추구하고, 우리가 학습한 범위에 기반을 두고 소프트웨어를 모델링한다. 이처럼 학습하고, 실험하고, 도전하고, 좀 더 학습하고, 다시 모델링하는 과정이 바람직하다. 우리는 많은 양의 지식을 빠르게 받아들이고, 그 안에서 중요한 것만 추출해 기업의 전략적 요구에 잘 맞는 효과적인 설계를 만들어야 한다. 빠르게 학습하는 것은 쉽지 않다. 변화가 빠른 산업에서는 일반적으로 시간을 다투며 일한다. 일정은 매우 중요하고, 일반적으로 일정이 의사결정의 많은 부분을 차지할 뿐만 아니라 사업적 결정보다도 훨씬 더 큰 영향을 줄 때도 있다. 만약, 일정과 예산 안에서 결과를 인도하지 못한다면, 우리가 소프트웨어를 통해 달성한 것이 무엇이든 우리는 실패한 것으로 보인다. 모든 이들은 우리가 어떤 방법으로든 성공할 것이라고 믿고 있다.

어떤 이들은 경영진에게 프로젝트 일정에 대한 추정의 대부분이 쓸모없고, 이를 성공적으로 사용할 수 없다는 것을 설득하는 노력을 기울인다. 나는 이런 노력이 큰 효과가 있다고 생각하지는 않지만, 나와 함께 일했던 모든 고객들은 여전히 설계/구현 과정을 제한된 시간 안에 몰아넣고 특정 일정 안에 인도하기를 강요하곤 했다. 기껏해야 그것은 소프트웨어 개발자와 경영진 사이에 끊임 없는 사투일 뿐이다.

안타깝게도, 이 부정적인 압박에 대한 일반적인 대응은 설계를 하지 않음으로써 일정을 줄이고 시간을 절약하고자 노력하는 것이다. 첫 장에서 살펴봤듯이 설계가 필수적이라는 것을 다시 떠올려보자. 나쁜 설계의 결과로 형편없이 일할 수도 있고, 효과적인 설계로 성공을 인도할 수도 있다. 그렇기 때문에 정확하게 일정에 대한 요구를 충족시켜야 하고, 마주하는 일정 제약 내에서 가능한 최고의 설계를 인도하게 도와줄 빠른 방법을 사용하려고 노력해야 한다.

이를 위해 이번 장에서는 매우 유용한 설계 가속화 및 프로젝트 관리 도구를 소개하고자 한다. 우선 이벤트 스토밍에 대해 이야기하고, 의미 있는 최선의 추정을 만들기 위한 협업 프로세스로부터 생성된 산출물을 활용하는 방법으로 끝마치겠다.

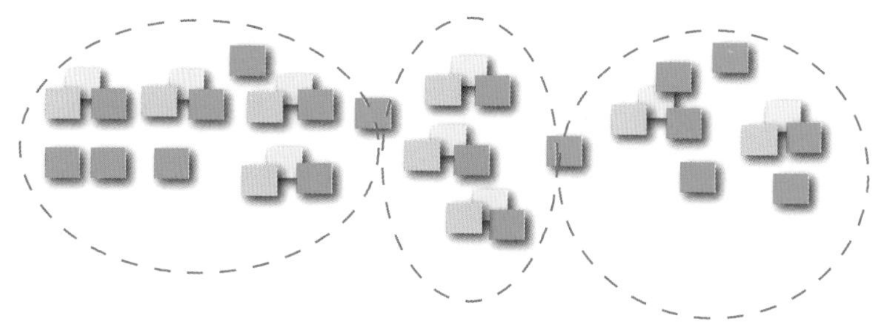

이벤트 스토밍

이벤트 스토밍은 빠른 주기의 학습 과정에 도메인 전문가와 개발자 모두가 참여하는 신속한 설계 기술이다. 이는 명사나 데이터보다 비즈니스와 비즈니스 프로세스에 초점을 맞춘다.

이벤트 스토밍에 대해 배우기에 앞서, 나는 이벤트 주도 모델링이라고 부르는 기술을 사용했다. 그것은 보통 대화, 시나리오 구체화, 매우 경량화한 UML을 사용한 이벤트 중심 모델링과 연관이 있다. UML로 구체화하는 과정은 화이트보드만을 사용할 수도 있고, 도구를 사용해 그

려낼 수도 있다. 하지만 UML을 아주 조금이라도 능숙하게 이해하고 사용할 수 있는 비즈니스 측 사람은 거의 없다. 따라서 대부분은 모델링 영역의 몫으로 남아서 UML의 기본을 이해하고 있는 개발자나 혹은 내가 수행해야 했다. 이는 매우 유용한 방법이긴 했지만, 이 과정에 비즈니스 전문가를 좀 더 직접적으로 참여시킬 방법이 필요했다. 이는 UML이 아닌 좀 더 참여를 유도할 수 있는 다른 도구가 필요하다는 것을 의미했다.

나는 몇 년 전, 다른 형태의 이벤트 주도 모델링을 경험했던 알베르토 브란돌리니[Ziobrando]로부터 처음 이벤트 스토밍에 대해 배웠다. 언젠가 시간이 별로 없었을 때, 알베르토는 UML 대신 포스트잇을 사용하기로 결정했다. 이것이 회의실 안의 모든 사람이 프로세스에 직접 참여해서 빠르게 학습하고 소프트웨어를 설계하는 방법의 시초였다. 이런 방법들이 주는 이점들은 다음과 같다.

- 이는 매우 구체적인 접근법이다. 모두가 포스트잇과 펜을 갖고 학습 및 설계 세션에 기여해야 할 책임을 갖는다. 비즈니스 측 사람들과 개발자 모두가 함께 같은 곳에 서서 함께 학습한다. 모두가 보편언어를 함께 만든다.
- 모두가 클래스나 데이터베이스가 아닌 이벤트와 비즈니스 프로세스에 집중한다.
- 매우 시각적인 접근법이다. 코드를 제외시키고 모두를 설계 프로세스의 초반부터 참여하게 한다.
- 가장 빠르고 가장 적은 비용으로 수행할 수 있다. 말 그대로

의 거친 표현으로, 폭풍처럼 새로운 핵심 도메인을 몇 주가 아닌 수시간 내에 만들어낼 수도 있다. 포스트잇에 무언가를 썼는데, 나중에 그 내용이 적절하지 못하다는 것을 알았다면, 그 포스트잇은 구겨서 던져버리자. 실수를 했다 해도 단지 1~2 센트 정도의 비용이 들 뿐이고, 어떤 누구도 이미 투자한 노력 때문에 개선할 기회를 차버리지는 않는다.

- 팀은 이해의 폭을 획기적으로 증진시킬 수 있다. 이는 주기적으로 항상 일어난다. 어떤 사람들은 미팅에 들어오기 전에 자기들은 핵심 비즈니스 모델을 잘 이해한다고 생각하지만, 미팅을 통해 비즈니스에 대한 이해의 폭을 넓힐 뿐만 아니라 비즈니스 프로세스에 대한 새로운 통찰을 느낄 수 있다.
- 모든 사람들이 무언가를 배운다. 도메인 전문가이든, 소프트웨어 개발자이든 사람들은 딱딱한 세션을 벗어나 가장 가까이에 있는 모델에 대해 명확한 이해를 갖게 된다. 이것은 이해의 증진과는 다른, 본질적으로 중요한 사항이다. 많은 프로젝트에서 적어도 몇 명, 때로는 좀 더 많은 프로젝트 멤버들이 코드에 심각한 문제가 나타나고 나서야 그들이 무엇을 작업하고 있는지 이해하기 시작한다. 모델을 확산시키고 인지시키는 것은 모든 사람이 잘못된 이해를 하지 않도록 만들면서 통일된 방향과 목표를 갖고 앞으로 나갈 수 있게 해준다.
- 모델과 모델을 이해하는 데 문제가 있다면, 이를 가능한 한 앞 단계에서 빠르게 인지할 수 있다. 오해를 바로잡고 그 결과를 새로운 통찰로 활용한다. 회의실 안의 모두가 혜택을 받는다.

- 큰 그림과 설계 수준 모델링 모두에 이벤트 스토밍을 사용할 수 있다. 물론, 큰 그림 수준의 스토밍을 하는 것은 비교적 덜 정확하겠지만, 설계 수준 스토밍은 명확한 소프트웨어 산출물로 이어진다.
- 스토밍 세션을 하나로 제한할 필요는 없다. 두 시간의 스토밍 세션으로 시작하고 이후 휴식을 가질 수 있다. 하룻밤 자며 완수한 것에 대해 생각해보고, 다음 날 그 결과를 확장하고 정제하는 데 한두 시간을 사용하자. 이렇게 하루에 두 시간 정도 3~4일을 보내면, 핵심 도메인 그리고 주변의 서브도메인과의 통합에 대한 깊은 이해를 얻을 수 있을 것이다.

여기에 모델을 만드는 데 필요한 사람, 태도, 준비물들의 목록이 있다.

- 모델에 대한 작업을 하는 도메인 전문가 및 개발자와 같이 필수적인 사람들이 필요하다. 모든 사람이 질문을 하고 답을 한다. 서로가 서로를 지원하며, 그들 모두가 모델링 세션 동안 같은 회의실 안에 있어야 한다.

모두가 엄격한 평가로부터 자유로운 열린 마음을 가져야 한다. 내가 이벤트 스토밍 세션 동안 봤던 가장 큰 실수는 사람들이 너무 빨리 지적하려는 것이다. 오히려 매우 많은 이벤트를 생성하겠다는 마음가짐을 가져야 한다. 이벤트가 많은 것이 적은 것보다 낫다. 더 많은 것을 배울 수 있기 때문이다. 나중에 이를 정제할 시간은 충분하고, 정제는 매우 빠르고 적은 비용이 든다.

- 손에 여러 색깔의 포스트잇을 많이 들어라. 최소한 오렌지색, 자주색, 밝은 파란색, 옅은 노란색, 연보라색, 분홍색이 필요하다. 다른 색(초록색 등, 이후 사례 참고)도 도움이 될 수 있다. 포스트잇의 크기는 가로로 넓적한 직사각형보다 정사각형(3×3inch 또는 7.62×7.62cm)이 좋다. 포스트잇에 너무 많은 것을 적을 필요는 없다. 보통 단어 몇 개 정도를 적는다. 포스트잇이 바닥에 떨어지는 것을 원치 않는다면, 좀 더 잘 달라붙는 종류의 포스트잇을 준비하는 것도 생각해보기 바란다.
- 각 사람들에게 손으로 굵고 명확하게 쓸 수 있는 검정 펜 하나씩을 제공하라. 촉이 얇은 매직펜이면 더욱 좋다.
- 모델링할 수 있는 넓은 벽을 확보하라. 높이보다 너비가 더 중요하지만, 모델링할 수 있는 공간의 높이도 거의 1미터/야드는 돼야 한다. 너비는 넓을수록 좋지만, 최소한 10미터/야드 정도여야 한다. 이런 벽 대신 컨퍼런스 테이블이나 바닥을 사용할 수도 있다. 테이블의 문제는 모델링 공간이 어찌됐든 제한된다는 것이다. 바닥의 문제는 팀 모두가 접근하기가 쉽지 않다는 점이다. 벽이 가장 좋다.
- 긴 종이 두루마리를 준비하라. 주로 화방이나 교육 용품점 또는 이케아와 같은 상점에서 구할 수 있다. 종이의 크기는 앞에서 설명한 것처럼 최소한 10미터/야드의 너비와 1미터/야드의 높이여야 한다. 강력한 테이프로 벽에 종이를 붙여라. 어떤 경우에는 종이를 사용하지 않고 그냥 화이트보드를 쓰기도 한다. 얼마 동안은 괜찮겠지만, 시간이 지나면 포스트잇이 접

착력을 잃고 떨어지는 경향이 있다. 특히, 다른 곳으로 떼었다 붙였다 하는 경우에는 더 쉽게 떨어진다. 포스트잇은 종이에 붙였을 때 접착력이 오래 간다. 만일, 한 번의 긴 세션이 아니라 3~4일 정도 기간에 걸쳐 모델링할 생각이라면 접착력이 유지되는 기간이 중요하다.

기본적인 준비물을 준비하고, 필요한 사람들을 세션에 참여시켰다면 시작할 준비가 됐다. 한 단계씩 차근차근 살펴보자.

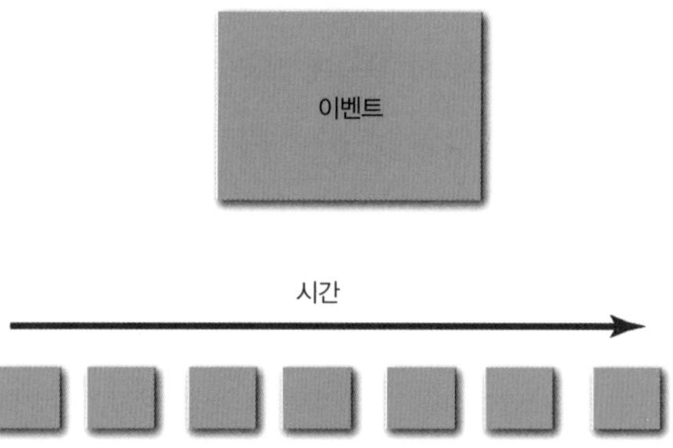

1. 일련의 도메인 이벤트를 포스트잇에 적으면서 비즈니스 프로세스를 도출하라. 도메인 이벤트로 사용하는 가장 인기 있는 색은 오렌지색이다. 오렌지색을 사용하면 도메인 이벤트가 모델링 공간에서 눈에 가장 잘 두드러진다.

   다음은 도메인 이벤트를 만들면서 적용해야 하는 기본적인 가이드라인의 일부다.

- 가장 먼저 도메인 이벤트를 만들면서, 데이터와 데이터의 구조가 아닌 비즈니스 프로세스에 최우선적으로 초점을 둬야 한다. 이를 위한 준비 시간이 10~15분 정도 걸리겠지만, 여기서 내가 설명하는 단계를 따라야 한다. 단계를 건너뛰고 싶은 유혹에 빠지면 안 된다.
- 포스트잇에 각 도메인 이벤트의 이름을 적어라. 이전 장에서 배웠던 것처럼 이름은 과거형 동사여야 한다. 예를 들어, 이벤트에 `ProductCreated` 또는 `BacklogItemCommitted`라는 이름을 붙일 수 있다(포스트잇에 이런 이름을 적어 넣을 때 명확하게 이 이름을 여러 줄로 나눠 적어도 된다). 큰 그림에 대한 스토밍을 진행하는 중이고, 포스트잇에 적는 이름들이 너무 자세한 수준이라면 다른 이름을 사용해야 한다.
- 모델링 공간에 포스트잇을 시간 순서대로 붙여라. 왼쪽에서 오른쪽이 도메인에서 발생하는 이벤트의 순서다. 처음에는 도메인 이벤트를 모델링 공간의 가장 왼쪽에 두고 시작해서 점차 오른쪽으로 이동시킨다. 시간 순서에 대한 이해가 그다지 높지 않은 경우도 있는데, 이런 경우에는 모델 안에 그에 상응하는 도메인 이벤트에 따라야 한다. 이후에 나오는 "언제" 부분을 고려하면, 좀 더 명확해질 것이다.
- 비즈니스 프로세스에 따라 다른 도메인 이벤트와 동시에 발생하는 도메인 이벤트는 같은 시점에 발생하는 도메인 이벤트 하부에 위치할 수 있다. 이런 병행 프로세싱 구조는 수직적 공간을 활용해서 표현한다.

- 스토밍 세션을 진행하면서, 기존 또는 신규 비즈니스 프로세스의 문제점을 찾아낼 수 있다. 이 문제점들은 자주색 포스트잇에 왜 그것이 문제인지를 설명하는 문장을 적어 명확하게 표시하자. 이와 같은 문제점 영역들은 더 많은 것을 배우기 위해 시간을 좀 더 투자해야 한다.
- 가끔은 도메인 이벤트의 결과에서 실행 프로세스를 도출해야 할 때도 있다. 이것은 한 단계로 구분할 수도, 여러 개의 복잡한 단계로 구분할 수도 있다. 프로세스를 수행하는 각 도메인 이벤트를 확인해서 연보라 포스트잇에 이름을 적어두자. 도메인 이벤트에서 이름이 적힌 프로세스(연보라색 포스트잇)로 화살표를 연결해 그리자. 핵심 도메인에 중요한 경우에는 도메인 이벤트를 좀 더 구체적으로 모델링해야 한다. 예를 들어, 사용자 등록 프로세스는 필수겠지만, 애플리케이션의 핵심 기능으로 고려할 필요는 없을 것이다. 이런 경우에는 등록 프로세스를 `UserRegistered`와 같이 개략적인 이벤트로 모델링하고 넘어가야 한다. 좀 더 중요한 이벤트에 노력을 집중하자.

만일, 가능한 모든 중요 도메인 이벤트를 모두 검토했다고 생각되면, 휴식을 취하고 모델링 세션으로 돌아간다. 다음 날 모델링 공간으로 돌아오면, 빠진 개념을 찾아내고 전 날에 중요하다고 생각했지만, 깊이가 없는 것들을 개선하거나 내다버리는 데 더 큰 확신을 갖게된다. 이후, 중요하다고 생각했던 대부분의 도메인 이벤트들을 식별하게 되는데, 그때 다음 단계로 넘어가자.

Commit
BacklogItem

BacklogItem
Commited

Time

2. 각 도메인 이벤트를 생성하는 명령을 정의하라. 가끔 도메인 이벤트가 다른 시스템에서 발생한 사건의 결과일 때도 있는데, 결과적으로 이들 이벤트들은 시스템에 영향을 준다. 주로 사용자 행위의 결과로 명령이 만들어지는데, 그 명령이 수행되면서 도메인 이벤트가 생성된다. 이들 명령은 Create Product, CommitBacklogItem처럼 명령적 문구로 표현해야 한다. 다음은 몇 가지 기본적인 가이드라인이다.

   - 밝은 파란색 포스트잇에 그에 상응하는 각 도메인 이벤트를 생성시키는 명령의 이름을 적는다. 예를 들어, BacklogItemCommitted라는 이름의 도메인 이벤트가 있다면, 그 이벤트를 생성하는 명령에는 CommitBacklogItem라는 이름을 붙인다.
   - 밝은 파란색의 명령 포스트잇을 그 명령이 만드는 도메인 이벤트 바로 옆에 붙인다. 이들은 "명령/이벤트, 명령/이벤트, 명령/이벤트,…"처럼 서로 짝을 지어 관계를 형성한다.

어떤 도메인 이벤트는 정해진 또는 제한된 시간에 도달하면 발생한다는 것을 언급한 적 있다. 이 경우에는 이들 이벤트를 명시적으로 발생시키는 그에 상응하는 명령이 없을 수도 있다.

- 만일, 액션을 수행하는 특정한 사용자 역할이 있고, 이를 명시하는 것이 중요하다면, 작고 밝은 노란색의 포스트잇에 사람이나 그 역할의 이름을 적어 밝은 파란색의 명령 포스트잇의 하단 왼쪽에 붙여 놓자. 위 그림에서는 "제품 책임자"가 명령을 수행하는 역할을 한다.
- 때로는 명령이 수행될 프로세스를 생성하기도 한다. 이것은 한 단계일 수도, 여러 개의 복잡한 단계일 수도 있다. 실행 프로세스를 만드는 각 명령은 확인해서 그 이름을 연보라색 포스트잇에 적는다. 명령에서부터 이름이 적힌 프로세스(연보라색 포스트잇)로 화살표를 그린다. 이들 프로세스는 1개 이상의 명령과 도메인 이벤트를 만들 수도 있다. 만약, 프로세스로부터 생성되는 명령과 이벤트를 지금 정의할 수 있다면, 프로세스로부터 이어지는 명령과 이벤트들을 포스트잇에 바로 표현한다.
- 처음 각 도메인 이벤트를 생성할 때 했던 것처럼 왼쪽에서 오른쪽 시간 순으로 이동하는 것을 계속 유지시킨다.
- 명령을 생성하다 보면, 이전에 생각하지 못했던 도메인 이벤트를 떠올릴 수도 있다(위에서 연보라색 프로세스들 또는 다른 것들을 발견해내는 것처럼). 이때는 떠오르는 즉시 바로 표현하

자. 그리고 새롭게 발견한 도메인 이벤트를 모델링 공간에 그에 상응하는 명령에 따라 위치시킨다.

- 여러 개의 도메인 이벤트를 유발하는 명령을 오직 1개만 식별한 경우도 있다. 1개의 명령을 정의하고 이 명령이 만들어내는 여러 도메인 이벤트들의 왼쪽에 위치시킨다.

도메인 이벤트와 관계된 모든 명령을 표현했다면, 다음 단계로 넘어갈 준비가 된 것이다.

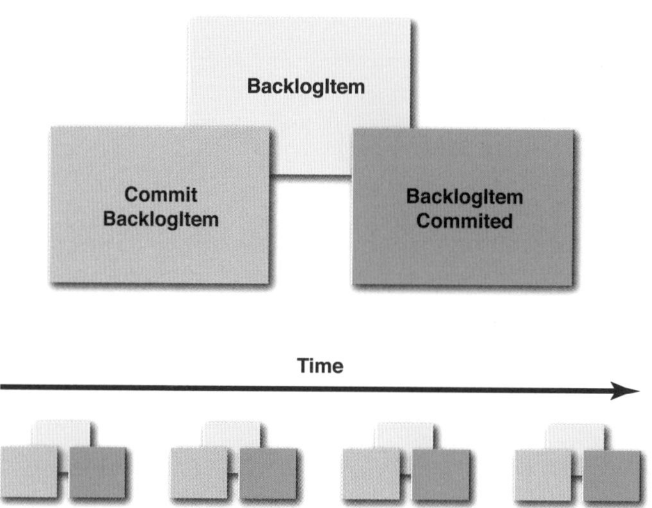

3. 도메인 이벤트 결과를 생성해내는 명령을 엔터티/애그리게잇에 연관시키자. 엔터티/애그리게잇은 명령이 실행된 후 도메인 이벤트의 결과가 저장되는 데이터 저장소다. 엔터티 관계 다이어그램 작성은 요즘 IT 업계에서 가장 인기 있는 작업이

지만, 여기서 시작하는 것은 문제가 있다. 비즈니스 측 사람들은 엔터티 관계 다이어그램을 잘 이해하지 못해 너무 이른 시점에 대화가 단절되는 상황이 될 수도 있기 때문이다. 사실, 이 단계는 이벤트 스토밍에서 후순위 작업이다. 데이터보다는 비즈니스 프로세스에 좀 더 집중해야 하기 때문이다. 그렇지만 어떤 시점에서부터는 데이터에 대한 기본적인 고려도 필요한데, 그 시점이 바로 지금이다. 이 단계에서 비즈니스 전문가는 데이터가 작동하는 것에 대한 대략의 이해가 필요하다. 아래는 애그리게잇을 모델링하는 몇 가지 가이드라인이다.

- 만일, 비즈니스 측 사람들이 애그리게잇이라는 단어를 좋아하지 않거나 혼란스러워한다면, 다른 이름을 사용해야 한다. 보통 그들은 엔터티라는 이름은 이해할 수 있으며, 그냥 데이터라고 불러도 별다른 문제는 없다. 중요한 점은 포스트잇을 통해 애그리게잇이 나타내는 개념에 대해 팀이 명확하게 의사소통을 할 수 있어야 한다. 모든 애그리게잇에 옅은 노란색 포스트잇을 사용하고, 각각 애그리게잇 이름을 적는다. 이때 이름은 `Product` 또는 `BacklogItem`처럼 명사형이다. 모델 안에 있는 모든 애그리게잇에 대해 동일하게 수행한다.
- 애그리게잇 포스트잇을 명령/도메인 이벤트 짝의 뒷쪽, 약간 윗쪽에 위치시키자. 다시 말하면, 애그리게잇 포스트잇에 적힌 명사를 읽을 수 있어야 하고, 명령/도메인 이벤트 짝은 그들이 연관이 있다는 것을 나타내기 위해 애그리게잇

의 아래 부분에 붙어 있어야 한다. 만약, 포스트잇들 사이에 약간의 공간을 남겨두고 싶다면 그것도 괜찮다. 명령과 도메인이 어떤 애그리게잇에 속하는지 명확하게 인지할 수만 있다면 문제가 없다.

- 도메인 프로세스를 시간 흐름에 따라 살펴보면서 아마도 반복적으로 사용되는 애그리게잇을 발견할 것이다. 모든 명령/이벤트 짝을 그 애그리게잇 밑으로 이동시키기 위해 재배치할 필요는 없다. 그 대신 같은 애그리게잇 명사를 여러 개의 포스트잇에 적고, 그에 상응하는 명령/이벤트 짝이 발생하는 곳마다 붙인다. 중요한 것은 비즈니스 프로세스를 모델링하는 것이며, 비즈니스 프로세스는 시간 흐름에 따라 수행된다.
- 다양한 활동과 관계된 데이터에 대해 생각하는 동안 새로운 도메인 이벤트를 발견할 수도 있다. 이를 무시하지 말자. 그 대신 새롭게 발견한 이벤트를 모델링 공간 내에 상응하는 명령과 애그리게잇에 맞게 위치시킨다. 이 과정에서 일부 애그리게잇이 너무 복잡하다고 판단된다면, 그 애그리게잇을 관리된 프로세스(연보라색 포스트잇)로 나눠야 한다. 이 기회들을 무시해서는 안 된다.

설계 단계에서 이 부분을 완료했다면, 몇 가지 추가적인 단계를 선택적으로 실행할 수 있다. 이전 장에서 설명한 것처럼 이벤트 소싱을 사용한다면, 이미 핵심 도메인 구현을 이해하는 방향으로 크게 발전하고 있는 것인데, 이는 이벤트 스토밍과 이벤트 소싱에 비슷한 부분이 많기 때문이다. 또한 당장은 스토밍이 큰 그림에 대한 것이지만, 멀리 바라본다면 실제 구현으로 이어질 사항들이다. 여기서 사용하는 기술들은 설계 수준의 뷰로 넘어가기 위해 사용할 수 있다. 경험상 팀은 같은 세션 안에서 큰 그림과 설계 수준 사이를 넘나드는 경향이 있다. 결국에는 어느 정도 세부사항을 배우고자 하는 욕구가 큰 그림을 넘어 필수적인 설계 수준의 모델에 다다르게 만들 것이다.

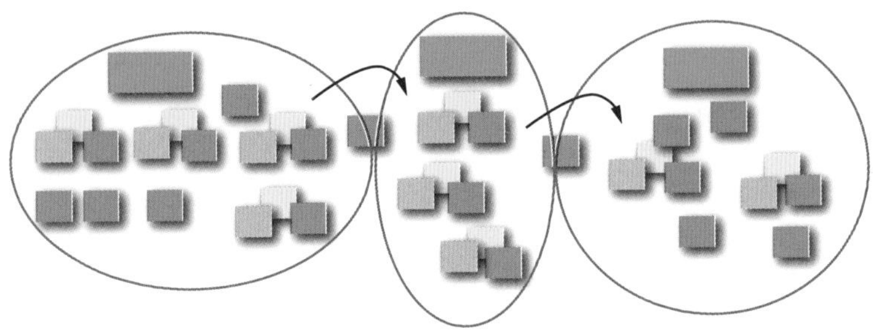

4. 모델링 공간에 경계선과 흐름을 보여주기 위한 화살표를 그리자. 아마도 스토밍 세션에서 다양한 모델들과 모델 사이를 흐르는 도메인 이벤트를 찾아낼 것이다. 다음은 이들을 어떻게 다룰 것인지에 대한 내용이다.

   - 간단히 요약해보면, 다음과 같은 상황에서 경계점들이 찾아질 것이다. 서로 다른 비즈니스 측 사람들이 같은 용어에 대해 서로 다른 정의를 갖거나 개념이 중요하긴하나 핵심 도메인의 일부가 아닌 부서들간의 경계
   - 모델링 공간에 준비해둔 종이에 검은색 마커 펜을 사용해서

표시하자. 컨텍스트와 경계들을 나타낼 때 바운디드 컨텍스트는 실선, 서브도메인은 점선으로 표시한다. 종이에 펜으로 그린 경계들은 한 번 표시하면 지울 수 없기 때문에 논의 전에 이와 관련된 세부사항은 반드시 이해해야 한다. 경계선을 확정적으로 표시하기 전에 임시로 모델링해보고 싶다면, 경계선에 대해 확신을 얻기 전까지는 마커 펜이 아닌 분홍색 포스트잇을 사용해서 영역들을 표시해보자.

– 여러 가지 경계 영역에 분홍색 포스트잇을 붙이고, 경계 내에 해당 바운디드 컨텍스트 이름을 포스트잇에 적어 넣자.
– 바운디드 컨텍스트 사이에 도메인 이벤트 흐름의 방향을 보여주기 위해 화살표 선을 그리자. 이는 바운디드 컨텍스트 안의 명령 없이도 특정 도메인 이벤트가 시스템에 도달할 수 있다는 것을 손쉽게 알려주는 방법이다.

이 단계에 직관적으로 명백한 의사소통을 위해 경계와 선만을 사용하자.

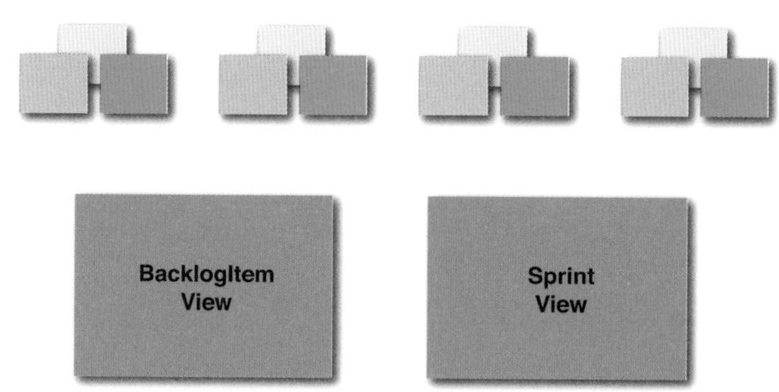

5. 사용자들이 액션을 수행하기 위해 필요한 다양한 뷰들을 식별하고, 다양한 사용자들을 위한 주요 역할들을 파악하자.
   - 사용자 인터페이스가 제공할 모든 뷰를 보여줄 필요는 없다. 또는 전혀 보여주지 않아도 괜찮다. 단지, 어떤 뷰를 보여주기로 결정한다면, 뷰가 매우 중요하거나 특별한 주의를 기울여서 생성시켜야 하는 것이어야 한다. 뷰 관련 산출물은 모델링 공간에 초록색 포스트잇을 사용해 나타낸다. 필요하다면 가장 중요하다고 생각하는 사용자 인터페이스 뷰의 초기 화면도 그려본다.
   - 다양한 주요 사용자 역할을 표현하기 위해서는 밝은 노란색 포스트잇을 사용한다. 사용자와 시스템의 상호작용에 대해 중요한 의미가 있거나 시스템이 특정 사용자만을 위해 동작하는 경우를 표현할 때만 이 포스트잇을 사용하자.

이벤트 스토밍 수행에 포함시킬 부가적인 단계로, 4단계 및 5단계 정도면 충분하다.

다른 도구들

여기에 소개할 다른 도구들은 모델링 공간에 또다른 그림들을 붙이거나 이벤트 스토밍 세션에 다른 모델링 단계들을 시도하는 것을 방해하지는 않는다. 이들은 설계 단계에서 배우거나 의사소통하는 것에 도움을 줄 것들이다. 잘 구성된 팀이 모델링할 때 필요하다면 무슨 도구든지 사용할 필요가 있다. 다만 비용이 너무 많아질 수 있는 파티나 연회는 하지 마라. 여기 몇 가지 방안들을 제시한다.

2장에서 설명했던 주어진/~때/그러면given/when/then 접근법에 따라 상위 수준에서 실행 가능한 명세를 소개하자. 이것은 인수 테스트로도 알려져 있다. 이것에 대한 더 많은 내용은 『예제 기반의 명세[Specification]』와 같은 책에서 읽을 수 있고, 이 책 2장 '바운디드 컨텍스트 및 보편언어와 전략적 설계'에서도 사례를 살펴볼 수 있다. 다만, 너무 지나치게 모든 열정을 여기에 쏟거나 실제 도메인 모델보다 더 우선시하지 않도록 주의하자. 2장에서 언급했지만, 일반적인 단위 테스트 기반 대신, 실행 가능한 명세를 사용하고 관리하는 데 15~25% 정도의 추가적인 시간이나 노력이 필요하다. 프로젝트 진행에 따라 모델이 변경되는데, 비즈니스 방향성에 맞춘 명세를 유지하는 것이 그렇게 어렵지는 않다.

설계 중인 소프트웨어가 중요성이 떨어지는 것이 아닌, 핵심 도메인이라는 것을 확실하게 하려면 『임팩트 매핑[Impact Mapping]』을 참고하자.

제프 패튼의 『사용자 스토리 매핑[User Story Mapping]』을 읽어보자. 이 책은 초점을 핵심 도메인에 맞추고 어떤 소프트웨어 기능에 투자해야 하는지를 이해하는 데 도움을 준다.

앞에서 언급한 세 가지 추가적인 도구는 DDD 철학과 많은 부분이 겹치기 때문에 어떤 DDD 프로젝트든 이들을 적용하는 데 문제가 없을 것이다. 세 가지 도구 모두 프로젝트를 가속화하는 데 도움이 되고, 대단한 형식을 갖출 필요도 없고, 비용도 매우 적게 든다.

추정하지 않는 것이라고 불리는 움직임이 있다. 이것은 스토리 포인트나 작업 시간과 같은 전통적인 추정 방식을 거부하는 접근이다. 비용을 제어할 수 있는 수준에서 가치를 인도하는 것에 집중하고, 완료까지 몇 개월 정도의 기간이 필요한 경우라 해도 작업과 관련한 추정을 하지 않는다. 이 접근법을 무시하지는 않지만, 이 글을 쓰고 있는 지금도, 나와 함께 일하고 있는 고객들은 여전히 구현에 필요한 프로그래밍 노력과 같은 추정과 작업에 할당된 실제 시간을 알려달라고 요구한다. 심지어는 세부적인 기능 구현에 대한 수준까지도 요구한다. 만일, 프로젝트에서 추정하지 않는 것에 문제가 없다면, 추정할 필요는 없다고 생각한다.

일부 DDD 커뮤니티는 그들만의 프로세스를 정의하고, DDD를 사용하는 프로세스 실행 프레임워크를 갖고 있으며, 프로젝트에 활용하고 있다. 이들 커뮤니티의 팀들은 효과적으로 프로젝트를 잘 수행할 수도 있겠지만, 스크럼과 같은 애자일 실행 프레임워크에 이미 투자했던 기업들은 일부 커뮤니티들의 실행프레임워크를 사용하는 것이 더 어려울 수도 있다.

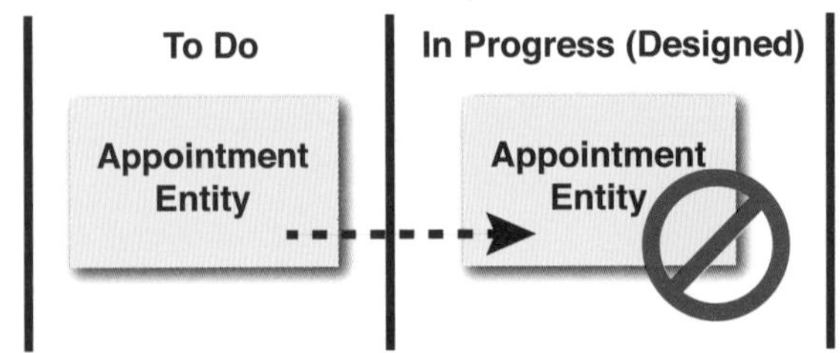

최근에 스크럼이 상당한 비난을 받는 것을 본 적이 있다. 비난하는 쪽을 지지하지는 않지만, 스크럼이 대부분 잘못 사용되고 있다는 것을 말할 수는 있다. 이미 앞에서 팀이 설계 대신 "작업 보드 셔플"이라는 것을 수행한다고 언급한 바 있다. 그것은 소프트웨어 프로젝트에서 스크럼을 올바르게 사용하는 방법은 아니다. 지식 획득은 스크럼 원칙이자 DDD의 주된 목표이지만, 스크럼에서 자주 이를 무시하는 경향이 있다. 그렇기는 하지만 스크럼은 여전히 우리 산업에서 널리 사용하고 있으며, 조만간 대체될 것 같지도 않다.

따라서 여기서는 어떻게 스크럼 기반 프로젝트에서 DDD가 잘 동작할 수 있을지를 알려주려 한다. 이 기술들은 칸반과 같은 다른 애자일 프로젝트 방법에도 동일하게 적용된다. 비록 스크럼 용어를 사용해서 표현된 가이드가 일부 있다고 해도 스크럼에만 해당하는 것은 아니다. 또한 많은 사람들이 이미 스크럼에 DDD를 몇 가지 형태로 실천 방안에 넣는 것에 익숙할 수도 있다. 따라서 여기에서 제시하는 가이드의 대부분은 도메인 모델과 학습, 실험 그리고 DDD 설계와 관련된 것들이다. 다만, 스크럼, 칸반, 그 외 다른 애자일 접근법 사용에 대한 가이드가 필요하다면, 다른 정보를 추가로 찾아보기 바란다.

여기서 사용하는 작업 또는 작업 보드라는 용어는 일반적인 애자일 뿐만 아니라 칸반과도 잘 호환된다. 스프린트라는 용어를 사용하는 경우, 일반적인 애자일에서 사용하는 반복이라는 용어를 포함하는 것이고, 칸반에 관해서는 WIP[work in progress]를 포함하는 것이다. 다만, 실질적인 프로세스를 정의하는 것은 아니기 때문에 항상 모든 상황에 완벽하게 들어맞지는 않을 것이다. 제시된 아이디어들로부터는 간단한 도움을 받고, 실제 수행할 애자일 프레임워크를 기반으로 적절히 그 도움들을 적용하길 바란다.

중요한 일부터 먼저

DDD를 프로젝트에 성공적으로 적용하기 위해 가장 중요한 것 중 하나는 좋은 사람들을 고용하는 것이다. 좋은 사람들을 간단히 대체할 수 있는 것은 없다. 이 관점에서 보면 평균을 넘는 개발자들이 필요하다. DDD처럼 소프트웨어를 개발하는 고급 철학이자 기술 관점에서 볼 때, 평균 이상의 개발자, 더 정확히 말하면, 매우 좋은 개발자가 필요하다. 정확한 기술, 자발성을 지닌 정확한 사람을 고용하는 것의 중요성을 과소평가하지 마라.

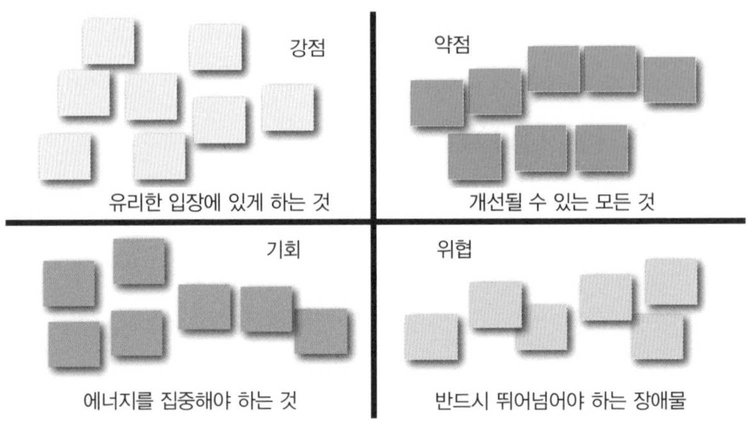

SWOT 분석 사용

SWOT 분석[SWOT]에 익숙하지 않은 분들을 위해 설명하자면, 이것은 강점, 약점, 기회, 위협을 뜻한다. SWOT 분석은 매우 특정한 방식으로 여러분의 프로젝트에 대해 생각하며, 가능한 빠른 시간 내에 가장 많은 지식을 얻을 수 있는 방법이다. 프로젝트를 파악하기 위해 확인해야 하는 기본적인 것들은 아래와 같다.

- 강점: 경쟁 우위에 있는 비즈니스 또는 프로젝트 특징
- 약점: 비즈니스 또는 프로젝트를 관련 있는 다른 것들에 비해 불리한 위치에 있게 하는 특징
- 기회: 프로젝트의 유리한 점을 잘 발휘할 수 있게 해주는 요소
- 위협: 비즈니스 또는 프로젝트에 문제를 일으킬 수 있는 환경적 요소

모든 스크럼 또는 그 외의 애자일 프로젝트에서는 언제든지 프로젝트의 현재 상황을 파악하기 위해 SWOT 분석을 사용해야 한다.

1. 4개의 사분면으로 구성된 커다란 행렬을 그린다.
2. 4개의 SWOT 사분면을 위한 다른 색상의 포스트잇을 고른다.
3. 이제, 프로젝트의 강점, 약점, 기회, 위협을 파악한다.
4. 파악한 내용들을 포스트잇에 적고, 그에 맞는 사분면에 붙인다.
5. 무엇을 할 것인지 계획할 때 프로젝트의 SWOT 특징들을 사용한다(특히, 여기서는 도메인 모델에 대해 고민한다). 좋은 부분은

활성화시키고 골칫거리는 완화시킨다. 이는 성공에 있어 매우 중요한 부분이다.

뒤에 언급하겠지만, 프로젝트 계획을 수립하면서 이 액션들을 작업 보드에 붙일 기회가 있을 것이다.

모델링 스파이크와 모델링 부채

DDD 프로젝트에서 모델링 스파이크와 갚아야 할 모델링 부채를 가질 수 있다는 것이 놀랍지 않은가?

프로젝트를 시작할 때 가장 좋은 것 중 하나는 이벤트 스토밍을 사용하는 것이다. 이벤트 스토밍 그리고 이와 관련 있는 모델링 실험들을 모델링 스파이크로 생각하자. 스크럼 제품에 대한 지식을 얻기 위한 노력이 스파이크가 될 수 있으며, 프로젝트 시작 동안의 스파이크는 반드시 필요하다. 이미 앞에서 이벤트 스토밍이 어떻게 필수 불가결한 투자 비용을 크게 줄여줄 수 있는지를 보여줬다.

물론, 처음부터 완벽한 도메인을 기대할 수 없다. 프로젝트 시작부터 의미 있는 모델링 스파이크를 수행해도 마찬가지다. 이벤트 스토밍을 사용해도 완벽해질 수는 없다. 한 가지 이유는 비즈니스와 비즈니스에 대한 사람들의 이해가 시간이 흐르면서 바뀌고, 도메인 모델 또한 바뀔 것이기 때문이다.

그뿐만 아니라 모델링에 드는 노력을 작업 보드에 정해진 시간 내에 처리할 작정이라면, 각 스프린트(또는 반복, WIP)마다 어느 정도의 모델링 부채가 발생할 것을 예상해야 한다. 문제는 제한된 시간 내에 희망했던 모든 모델링 작업을 완수할 시간이 없을 것이다. 그 이유들 중 하나는 설계를 시작하고 검증을 해보면 현재의 설계가 비즈니스 요구뿐만 아니라 사람들의 기대에도 못 미친다는 것을 그때서야 깨닫기 때문이다. 하지만 프로젝트 상황은 턱 밑까지 다다른 제한 시간이 다음으로 넘어갈 것을 요구할 것이다.

지금 당장 할 수 있는 가장 나쁜 일은 색다르고 개선된 설계를 위해 꼭 필요한 모든 모델링 노력들을 그냥 잊어버리는 것이다. 다만, 이것이 이후 스프린트(또는 반복, WIP)에 들어가야 한다는 것을 꼭 메모하자. 회고 미팅[1]에 이 메모를 가져가서 다음 스프린트 계획 미팅(또는 반복 계획 미팅, 칸반 큐에 추가) 때 새로운 작업으로 넣을 수 있다.

---

1 실제로 칸반에서는 매일 회고를 할 수 있기 때문에 모델을 개선해야 한다는 필요성을 나타내기 위해 오래 기다릴 필요가 없다.

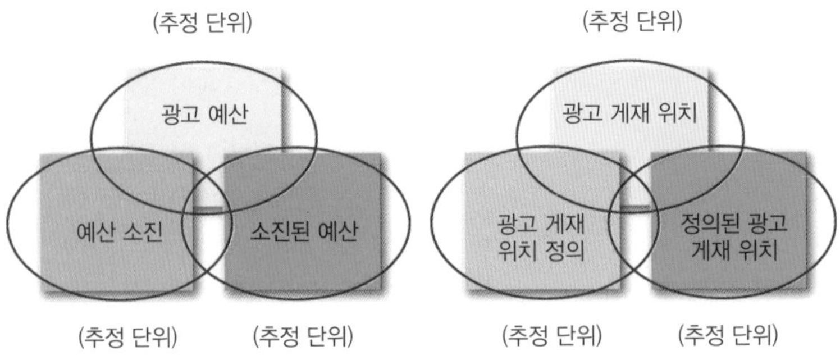

작업 확인 및 노력 추정

이벤트 스토밍은 프로젝트 시작 때만이 아니라 언제든 사용할 수 있는 도구다. 이벤트 스토밍 세션 중에 자연스럽게 몇 개의 산출물을 만들 것이다. 종이 모델에 도출된 각 도메인 이벤트, 명령 그리고 애그리게잇은 추정 단위로 사용할 수 있다. 어떻게 사용할까?

컴포넌트 형태	쉬움(시간)	적당함(시간)	복잡함(시간)
도메인 이벤트	0.1	0.2	0.3
명령	0.1	0.2	0.3
애그리게잇	1	2	4
...	...	...	...

가장 쉽고 정밀한 추정 방법은 지표 기반 접근법이다. 여기서 보는 것과 같이, 구현해야 할 각 컴포넌트 타입별 간단한 추정 단위 테이블을 만든다. 이것은 짐작을 기반으로 과학적으로 추정을 만들어가는 프로세스다. 어떻게 테이블이 동작하는지 확인해보자.

1. 추정 단위를 정의하는 컴포넌트 종류를 나타낼 열을 만든다.
2. 쉬움, 적당함, 복잡함 3개의 열을 만든다. 이 열들은 특정 단위 형태별로 시간 또는 좀 더 작은 단위의 추정 단위를 반영한다.
3. 이제 아키텍처 안의 각 컴포넌트 형태마다 하나씩 행을 만든다. 표에 제시된 것은 도메인 이벤트, 명령, 애그리게잇이다. 하지만 이것뿐만이 아니다. 다양한 사용자 인터페이스 컴포넌트, 서비스, 영속성, 도메인 이벤트 시리얼라이저serializer, 디시리얼라이저deserializer 등에 관한 열도 만든다. 소스 코드 안에 생성할 모든 종류의 산출물에 대해 열을 만든다(예를 들면, 보통 각 도메인 이벤트마다 도메인 이벤트 시리얼라이저와 디시리얼라이저를 만들고, 각 열에 이 모든 컴포넌트의 생성을 반영하는 도메인 이벤트를 추정해 할당한다).
4. 이제 각 복잡도 수준에 따라 필요한 시간 또는 좀 더 작은 단위의 값을 채워 넣는다. 이 추정은 구현에 필요한 시간뿐만 아니라 설계와 테스트 노력까지 포함할 수 있다. 정밀하게, 현실적으로 추정하자.
5. 작업할 백로그 아이템 작업을 알게 되면, 각 작업에 대한 지표를 확보하고, 그것을 명확하게 파악한다. 이를 위해 스프레드시트를 사용할 수 있다.
6. 현재의 스프린트(반복 또는 WIP) 안의 모든 컴포넌트에 대해 모든 추정 단위를 추가한다. 이것이 총 추정이다.

각 스프린트(반복 또는 WIP)를 실행하면서 실제로 필요했던 시간 또는 좀 더 작은 단위 값을 반영하는 지표를 조정한다.

만일, 스크럼을 사용하고 있고 시간 추정을 몹시 꺼려한다면, 이 접근법이 훨씬 더 너그럽고, 더 정밀하다는 것을 알아야 한다. 프로젝트 패턴에 익숙해지면서 추정 지표를 좀 더 정밀하고 현실적이도록 미세하게 조정할 수 있다. 제대로 하려면 몇 개 정도의 스프린트 경험이 필요할 수도 있다. 또한 시간이 지나고 경험이 쌓이면서 그 수치를 조정하거나 더 쉬운 또는 적절한 열들을 정의할 수 있을 것이다.

만일 칸반을 사용하고 있고, 추정이 허위일 뿐이고, 필요 없다고 생각한다면 자신에게 질문해보자. 작업 큐를 올바르게 조정하려면, 처음에 올바른 작업들을 어떻게 식별할지 어떻게 알 수 있을까? 이에 관해 무슨 생각을 했든 추정을 위해 노력하는 것이고, 그 추정이 올바르기를 기대하는 것이다. 프로세스에 약간의 과학을 추가하면서도, 간단하고 정밀한 추정 접근법을 사용하지 않을 이유가 없다.

정밀함에 대한 코멘트

어떤 큰 기업이 프로그램을 수행할 때, 그 조직은 전체 프로그램 내의 크고 복잡한 프로젝트에 대한 추정을 요구했다. 이 작업에 두 팀이 배속됐다. 첫 번째 팀은 포천지 선정 500대 기업들과 함께 프로젝트를 추정하고 관리했던 고연봉의 컨설턴트들로 구성됐다. 그들은 회계사였고 박사 학위를 갖고 있었으며, 협박을 하거나 확실한 혜택을 줄 수 있는 모든 권한이 주어졌다. 두 번째 팀은 아키텍트와 개발자로 구성됐고, 이 지표 기반 추정 프로세스에 대한 권한을 갖고 있었다. 프로젝트는 2,000만 달러 범위 안에 있었고, 두 가지 추정치들은 대략 20만 달러 이하의 차이를 보였다(기술 팀이 약간 더 낮게 추정했다). 기술 팀의 결과가 나쁘지 않았다.

장기간의 추정은 오차 범위 20%의 정확도를 넘지 않아야 하지만 스프린트나 반복, WIP 큐처럼 단기간 추정에 대한 오차 범위는 더 작아야 한다.

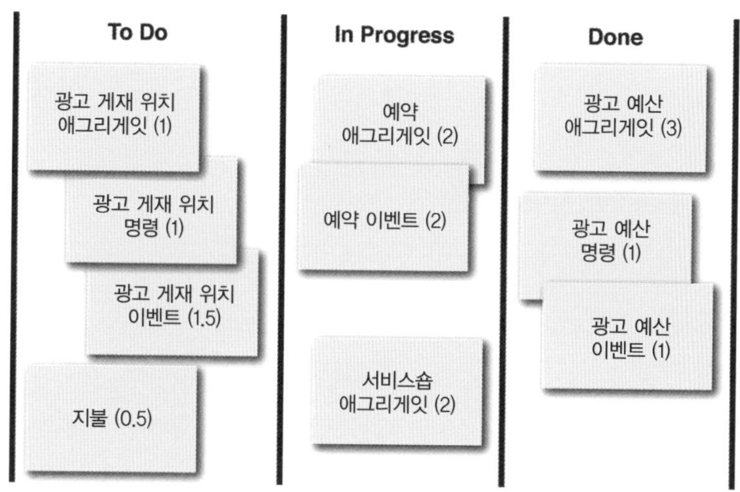

기간이 정해진 모델링

각 컴포넌트 유형별로 추정했기 때문에 그 컴포넌트들에 작업들을 배정할 수 있다. 각 컴포넌트별로 몇 시간 또는 그보다 작은 단위의 작업 하나만을 정의했을 수도 있고, 좀 더 작은 단위의 작업들로 분할했을 수도 있다. 이때 작업 보드가 과도하게 복잡해지면 안 되기 때문에 너무 세부적으로 작업을 쪼개는 것은 조심할 필요가 있다. 앞에서 봤던 것처럼 하나의 작업 안에 하나의 애그리게잇이 사용하는 모든 명령과 모든 도메인 이벤트를 합치는 것이 훨씬 낫다.

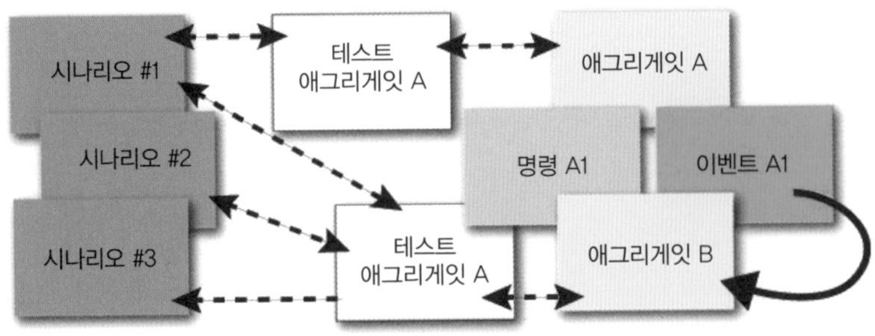

어떻게 구현해야 하는가?

이벤트 스토밍을 통해 확인된 산출물이 있다 해도 작업을 해야 하는 특정한 도메인, 시나리오, 스토리 그리고 유스케이스에 대한 모든 지식을 가질 필요는 없다. 무언가 더 필요하다면 추정 시점에 추가적인 지식 획득을 위한 시간을 포함시킬 수 있다. 하지만 무엇을 위한 시간인지 명확해야 한다. 지난 2장에서 도메인 모델 주변에 구체적인 시나리오를 만드는 것에 대해 설명했던 것을 떠올려보자. 이것은 이벤트 스토밍에서 얻을 수 있는 것을 넘어 핵심 도메인에 대한 지식을 획득하는 가장 좋은 방법 중 하나일 수 있다. 구체적인 시나리오와 이벤트 스토밍은 함께 사용해야 하는 2개의 도구다. 어떻게 동작하는지 살펴보자.

- 한 시간 정도의 짧은 이벤트 스토밍 세션을 수행하자. 모델링 관련해 발견한 사항들에 대해 좀 더 구체적인 시나리오를 개발해야 한다는 것을 확실히 깨닫게 될 것이다.
- 개선해야 할 구체적인 시나리오에 대해 논의하기 위해 도메인

전문가와 협업하자. 논의를 통해 소프트웨어 모델을 어떻게 사용할지 파악할 수 있다. 이는 단순한 절차가 아니라 실제 도메인 모델 요소(예를 들어, 객체)의 목표, 요소들이 어떻게 협업하는지 그리고 사용자들과 어떻게 상호작용 하는지(필요하면 2장 참고)에 대한 사항들을 명세해야 한다.

- 각 시나리오를 수행할 일련의 인수 테스트를 만든다(필요하면 2장 참고).
- 컴포넌트에 테스트/명세를 수행시킨다. 도메인 전문가의 기대에 맞게 수행될 때까지 테스트/명세, 컴포넌트를 정제하며 짧고 빠르게 반복한다.
- 몇 번의 짧고 빠른 반복을 통해 다른 시나리오들을 파악한 후, 추가적인 테스트/명세를 만들고 기존 것을 개선하고 새로운 컴포넌트를 만든다.

제한된 비즈니스 목표를 맞추기 위해 필수적인 모든 지식을 얻거나 제한 시간이 만료될때까지 이를 계속한다. 만일, 원했던 지점까지 도달하지 못했다면, 이후(이상적으로는 직후)에 수행할 수 있도록 모델링 부채(해야 할 일)를 명확히 한다.

도메인 전문가에게 얼마만큼의 시간을 내달라고 해야 할지 고민이 필요하다.

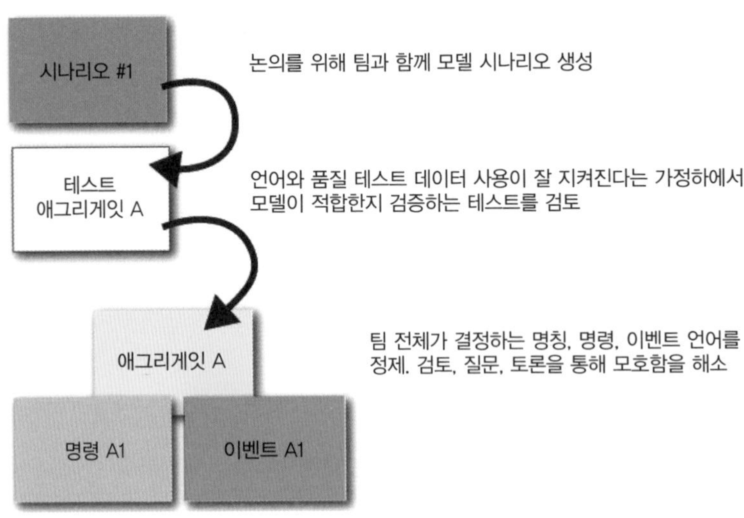

도메인 전문가와 상호 작용하기

DDD를 적용할 때 큰 어려움 중 하나는 도메인 전문가와 지나치지 않게 적절한 시간을 갖는 것이다. 여러 번 프로젝트에 참여하는 도메인 전문가들은 과중한 업무, 몇 시간짜리 회의 그리고 출장 등으로 시달린다. 이로 인해 도메인 전문가들이 모델링에 참석하지 못하거나 함께 충분한 시간을 갖기 어려울 수 있다. 따라서 가급적 중요한 내용으로 제한해서 유용한 시간을 만들어야 한다. 모델링 세션을 재미있고 효과적으로 만들지 못한다면, 필요할 때 도메인 전문가들의 도움을 놓칠 가능성이 높다. 도메인 전문가들이 모델링 세션을 가치 있고, 배울 것이 있고, 보람 있다고 인식한다면, 강한 파트너십이 만들어질 것이다.

그래서 중요한 첫 번째 질문은 "언제 도메인 전문가와의 시간이 필요한가? 그들이 개발자들을 도와줘야 하는 작업은 무엇인가?"다.

- 이벤트 스토밍 활동에는 언제든 도메인 전문가를 포함시킨다. 개발자들은 언제나 질문을 많이 할 것이고, 도메인 전문가는 그에 대한 답을 갖고 있다. 그들이 이벤트 스토밍 세션을 함께 할 수 있도록 하자.
- 논의와 모델 시나리오 생성에 도메인 전문가의 의견이 필요하다. 2장의 사례를 참고하자.
- 도메인 전문가는 모델의 정확성을 확인하는 테스트를 검토할 때 필요하다. 이는 개발자가 이미 보편언어를 충실히 지키고, 품질과 실제 테스트 데이터 사용을 위해 많은 노력을 했다는 것을 가정한다.
- 팀 전체가 결정한 보편언어, 애그리게잇 이름, 명령, 도메인 이벤트를 개선하기 위해 도메인 전문가가 필요하다. 애매모호함은 리뷰, 질문 그리고 논의를 통해 해결할 수 있다. 물론, 이벤트 스토밍 세션에서 이미 보편언어에 대한 대부분의 질문은 해결했어야 한다.

도메인 전문가로부터 필요한 것이 무엇인지 알고 있다면, 각각의 할 일들에 대해 그들에게 얼마나 많은 시간을 요구해야 할까?

- 이벤트 스토밍 세션은 각각 몇 시간(2~3시간)으로 제한해야 한다. 3~4일간 연이어서 세션을 잡아야 할 수도 있다.

- 시나리오 논의와 개선에 넉넉한 시간으로 대강의 계획을 세운다. 하지만 각각의 시나리오마다 시간을 최대한 활용하도록 노력해야 한다. 한 시나리오에 약 10~20분가량의 논의와 반복이라면 적당하다.
- 테스트에서 작성한 것을 검토하기 위해 도메인 전문가와의 시간이 필요하다. 하지만 코드를 작성하는 개발자처럼 도메인 전문가들이 함께 앉아 있을 수는 없다. 어쩌면 그럴 수도 있겠지만, 그와 같은 행운을 기대할 수는 없다. 작은 모델은 검토하고 검증하는 데 적은 시간이 소요된다. 테스트를 맞춰보며 확인하는 도메인 전문가의 능력을 과소평가해서는 안 된다. 특히, 테스트 데이터가 실제 데이터와 같다면 더 잘할 것이다. 테스트는 도메인 전문가가 약 1~2분 정도마다 하나의 테스트를 이해하고 검증할 수 있도록 준비해야 한다.
- 테스트하는 동안, 도메인 전문가는 보편언어를 충실히 지키며 애그리게잇, 명령 그리고 도메인 이벤트, 어쩌면 다른 산출물에 대한 의견도 제시할 수 있다. 도메인 전문가는 이런 활동을 짧은 시간 내에 수행할 수 있다.

이 가이드를 통해 도메인 전문가와 적절한 시간을 사용하고, 그들과 함께 보내고 싶은 정도의 시간으로 협업을 제한하는 데 도움을 받기 바란다.

요약

배운 것을 요약하면 아래와 같다.

- 이벤트 스토밍에 대해 그것을 사용하는 방법, 팀과 세션을 수행하는 방법, 모델링 노력을 가속화하기 위한 모든 것
- 이벤트 스토밍과 함께 사용할 수 있는 다른 도구들에 대해
- 프로젝트에서 DDD를 사용하는 방법과 추정을 관리하는 방법 그리고 도메인 전문가와 함께 해야 하는 시간

프로젝트에서의 DDD 구현을 포함하는 더 많고 세부적인 참고 자료는 『도메인 주도 설계 구현[IDDD]』에서 확인할 수 있다.

참고 문헌

[BDD] North, Dan. "Behavior–Driven Development." 2006. http://dannorth.net/introducing–bdd/.

[Causal] Lloyd, Wyatt, Michael J. Freedman, Michael Kaminsky, and David G. Andersen. "Don't Settle for Eventual Consistency: Stronger Properties for Low–Latency Geo–replicated Storage." http://queue.acm.org/detail.cfm?id=2610533.

[DDD] Evans, Eric. *Domain-Driven Design: Tackling Complexity in the Heart of Software*. Boston: Addison–Wesley, 2004.

[Essential Scrum] Rubin, Kenneth S. Essential Scrum: *A Practical Guide to the Most Popular Agile Process.* Boston: Addison–Wesley, 2012.

[IDDD] Vernon, Vaughn. *Implementing Domain-Driven Design.* Boston: Addison–Wesley, 2013.

[Impact Mapping] Adzic, Gojko. *Impact Mapping: Making a Big Impact with Software Products and Projects.* Provoking Thoughts, 2012.

[Microservices] Newman, Sam. *Building Microservices.* Sebastopol, CA: O'Reilly Media, 2015.

[Reactive] Vernon, Vaughn. *Reactive Messaging Patterns with the Actor Model: Applications and Integration in Scala and Akka.* Boston: Addison-Wesley, 2015.

[RiP] Webber, Jim, Savas Parastatidis, and Ian Robinson. *REST in Practice: Hypermedia and Systems Architecture.* Sebastopol, CA: O'Reilly Media, 2010.

[Specification] Adzic, Gojko. *Specification by Example: How Successful Teams Deliver the Right Software.* Manning Publications, 2011.

[SRP] Wikipedia. "Single Responsibility Principle." http://en.wikipedia.org/wiki/Single_responsibility_principle.

[SWOT] Wikipedia. "SWOT Analysis." https://en.wikipedia.org/wiki/SWOT_analysis.

[User Story Mapping] Patton, Jeff. *User Story Mapping: Discover the Whole Story, Build the Right Product.* Sebastopol, CA: O'Reilly Media, 2014.

[WSJ] Andreessen, Marc. "Why Software Is Eating the World." *Wall Street Journal,* August 20, 2011.

[Ziobrando] Brandolini, Alberto. "Introducing EventStorming." https://leanpub.com/introducing_eventstorming.

찾아보기

에이콘출판의 기틀을 마련하신 故 정완재 선생님 (1935-2004)

도메인 주도 설계 핵심

핵심을 간추린 비즈니스 중심의 설계로 소프트웨어 개발 프로젝트 성공하기

발 행 | 2017년 9월 25일

지은이 | 반 버논
옮긴이 | 박현철 · 전장호

펴낸이 | 권 성 준
편집장 | 황 영 주
편 집 | 이 지 은
디자인 | 박 주 란

에이콘출판주식회사
서울특별시 양천구 국회대로 287 (목동)
전화 02-2653-7600, 팩스 02-2653-0433
www.acornpub.co.kr / editor@acornpub.co.kr

ISBN 979-11-6175-057-6
ISBN 978-89-6077-144-7 (세트)
http://www.acornpub.co.kr/book/domain-driven-design-distilled
이 도서의 국립중앙도서관 출판시도서목록(CIP)은 서지정보유통지원시스템 홈페이지(http://seoji.nl.go.kr)와 국가자료공동목록시스템(http://www.nl.go.kr/kolisnet)에서 이용하실 수 있습니다.(CIP제어번호: CIP2017024243)

책값은 뒤표지에 있습니다.